U0936831

珍藏本·增订本

纪念版

汉译世界学术名著丛书

资本主义与自由

（重译本）

〔美〕米尔顿·弗里德曼 著

远明 译

NCE1897

商务印书馆

The Commercial Press

Milton Friedman

CAPITALISM AND FREEDOM

根据芝加哥大学出版社 2020 年版译出

汉译世界学术名著丛书
（120年纪念版·珍藏本）
增订本出版说明

2017年10月，为纪念商务印书馆创立120周年，本馆推出“汉译世界学术名著丛书”（120年纪念版·珍藏本），计七百种。近五六年来，仰赖学界同人倾力支持，订正旧译，增补新译，拓展新著，积累日多。为满足读者需要，本馆在七百种的基础上，继续推出“汉译世界学术名著丛书”（120年纪念版·珍藏本·增订本）三百种。至此，“汉译世界学术名著丛书”累计出版已达千种。

今后，本馆将继续推进丛书的翻译出版工作，在积累单本名著的基础上陆续分辑刊行，汇印出版。为促进中外文明互鉴、推动我国学术发展，使“汉译世界学术名著丛书”这项对我国学术文化有基本建设意义的重大工程发挥更大作用，诚望海内外学术界、翻译界继续给予支持，帮助我们把这套丛书出得更好。

商务印书馆编辑部

2024年2月

汉译世界学术名著丛书
（120 年纪念版 · 珍藏本）
出版说明

2017 年 2 月 11 日，商务印书馆迎来 120 岁的生日。120 年前，商务印书馆前贤怀揣文化救国的理想，抱持“昌明教育，开启民智”的使命，立足本土，放眼寰宇，以出版为津梁，沟通中西，为中国、为世界提供最富智慧的思想文化成果。无论世事白云苍狗，潮流左右激荡，甚至战火硝烟弥漫，始终践行学术报国之志，无改初心。

迻译世界各国学术名著，即其一端。早在 20 世纪初年便出版《原富》《天演论》等影响至今的代表性著作，1950 年代后更致力于外国哲学和社会科学经典的译介，及至 1980 年代，辑为“汉译世界学术名著丛书”，汇涓为流，蔚为大观。丛书自 1981 年开始出版，历时三十余年，迄今已推出七百种，是我国现代出版史上规模最大、最为重要的学术翻译工程。

丛书所选之书，立场观点不囿于一派，学科领域不限于一门，皆为文明开启以来，各时代、各国家、各民族的思想与文化精粹，代表着人类已经到达过的精神境界。丛书系统译介世界学术经典，引领时代思想，为本土原创学术的发展提供丰富的文化滋养，为推动中国现代学术和现代化进程做出了突出的贡献。

为纪念商务印书馆成立120周年，我们整体推出“汉译世界学术名著丛书”120年纪念版的珍藏本，寄望既利于文化积累，又便于研读查考，同时向长期支持丛书出版的译者、编者和读者致以敬意。

两甲子后的今天，商务印书馆又站在了一个新的历史时间节点上。我们不仅要铭记先辈的身影和足迹，更须让我们的步伐充满新的时代精神。这是商务人代代相传的事业，更是与国家和民族的命运始终紧密相连的事业。我们责无旁贷，必须做好我们这代人的传承与创造，让我们的努力和成果不仅凝聚成民族文化的记忆，还能成为后来人可以接续的事业。唯此，才能不负前贤，无愧来者。

商务印书馆编辑部

2017年10月

本书由罗丝·D. 弗里德曼协助完成

目　录

2020年版前言

本雅明·阿佩尔鲍姆

米尔顿·弗里德曼是学术界一位卓越非凡的经济学家，因其 ix
所做的贡献，被冠以诺贝尔经济学奖；但是，他主要是作为一名公共知识分子而被载入史册的。他是20世纪最有影响力的思想家之一，他是自由市场资本主义的热心、不懈怠且富有影响力的倡导者，世界因他的理念而改变。

初版于1962年的《资本主义与自由》(*Capitalism and Freedom*)是弗里德曼的宣言，宣告了他对市场的信念；人们经常形容这本书是战后影响最大的图书之一——这种说法是很有道理的。弗里德曼传递的信息是：资本主义不仅仅是带来繁荣的引擎。它让人们拥有经济自由——弗里德曼认为，在他们那个时代的思想争锋中，这一点没有受到足够的重视——在市场经济中，人们可以自由地按照他们选择的方式去挣钱，按照他们选择的方式去花钱。就连这些，也并不是资本主义的全部益处之所在。按照弗里德曼的说法，自由市场经济是“政治自由的一个必要条件”。

时隔半个多世纪，我们很难再现这一论点在当时的激进性。 x
在这本书出版之际，“资本主义”一词本身已经有些遭人嫌弃；与战后的任何其他时期相比，在1950年代出版的图书当中“资本主义”出现的次数更少，就算出现这个词，也常常是作为骂人的话。当时美国的流行观点是——西欧更是如此——要想维护政治自由，就必须大举限制经济自由，包括对市场进行严格规制、对经济产出进行大幅度的再分配。在1960年代肯尼迪总统和约翰逊总统执政期间，那些倡导对经济情况进行积极管理的人，其影响力达到了最高点。有时候，联邦政府的经济政策看起来似乎就是这么制定的：无论弗里德曼说什么，他们完全反其道而行之。

广为流行的对政府的信念，源于“大萧条”以及第二次世界大战的痛苦经历，源于诸如抗生素和原子能这样的科学上的突破——这些突破激发了人们的信心，认为人类有能力征服其环境。同样的这些经历，也塑造了弗里德曼，但是他得出了迥然不同的结论。弗里德曼1912年7月31日出生于布鲁克林，他的父母是来自东欧的犹太移民。在他出生后不久，全家搬到了新泽西州的拉威市，他的父母在那里经营小商店，生活还算过得去。1928年，弗里德曼十六岁，他进入罗格斯大学(Rutgers University)，打算学习数学，做一名精算师。然而，他对经济学产生了兴趣。一位教授帮助他争取到了一个许多人梦寐以求的名额，进入芝加哥大学(University of Chicago)攻读经济学研究生。在芝加哥大学里最初的一节课上，弗里德曼坐在罗丝·迪雷克特(Rose Director)旁边。罗丝后来成为了他的妻子和合作者。1935年，夫妻两人经济上不宽裕，搬家去了华盛顿特区，在接下来将近十年的时间中，米尔顿都供职于联邦政府。

在华盛顿执政期间，弗里德曼协助设计了从薪水中扣除税款的现代化制度——具有讽刺意味的是，这种制度乃是为福利国家
xi 提供资金的一个关键性工具。也正是在这些岁月中，对于政府在

经济领域日益膨胀的角色，弗里德曼开始明确表达他的批评。他认为，世界非常复杂，几乎到了神秘的程度，未来不可预测，而那些旨在改善人类境况的政策，一般都只会让事情变得更糟糕。政策制定者们都是在黑暗中操作，最好的政策就是少做事，慢慢做——在弗里德曼漫长的职业生涯中，他反复倡导他的这一处方。

弗里德曼的这种世界观因为他对过去所持有的浪漫主义看法而得到强化。弗里德曼经常将下面两种情况加以比较：一方面是用意良好的政策制定者们屡屡碰壁；另一方面是一个更早的年代——弗里德曼把那个时代想象成政府置身事外，人们自力更生、尽自己所能谋求成功的时代。

弗里德曼作为一个犹太人的经历，也影响了他的这种世界观——在当时，犹太人作为一个少数族群，备受歧视。在他职业生涯的早期，威斯康星大学（University of Wisconsin）曾经拒绝授予他终身教职——部分原因是该校经济系的一些教师持有反犹观点。对于歧视，弗里德曼给出的解决办法迥然不同于同时代的人通常采用的办法。20 世纪民权运动的主要特征，就是寻求政府的保护；然而，弗里德曼认为，少数族群应该信赖的，是市场。他写道："资本主义的发展一直伴随着个别宗教信仰群体、种族群体或社会群体的经济活动受到特别阻碍之程度——或者像人们常说的那样，这些群体被歧视的程度——的大幅度减弱：这是一个引人注目的历史事实。"弗里德曼认为，在一个自由市场中，歧视非常昂贵，让人望而却步——歧视的代价如此高昂，以至于根本不需要去禁止它。市场的力量就会解决掉这个问题。

在 1940 年代和 1950 年代，弗里德曼倡导依赖市场、削弱政府

的作用，这种倡导主要局限于他在学术领域的工作。他所做出的
xii 最重要的贡献，包括分析收入变化对消费者行为之影响的一种理论，以及关于美国货币政策的一部历史；这些贡献从知识方面为反对下述行为——对经济情况进行积极主动的管控——增添了说服力。但是，弗里德曼只是偶尔才面向更广泛的受众。比较引人注目的一次，是 1946 年他与好友、同为经济学家的乔治·斯蒂格勒(George Stigler)共同撰写的旨在反对租金控制的一个小册子，即《屋顶还是天花板？当前的住房危机》(*Roofs or Ceilings? The Current Housing Crsis*)。到 1960 年代初，弗里德曼已经是一位颇有名望又备受尊敬的学者，并拥有与此相匹配的公众形象。他出现在维护公众利益的广播节目里，并就专业性议题在国会做证。在 1961 年，《时代周刊》(*Time*)形容弗里德曼是美国"最出色的保守派经济学家"。但是，在《资本主义与自由》问世前夕，联邦储备委员会的官员们，还是有可能坚称他们并不熟悉弗里德曼的著作，并且无须为此感到羞愧。

* * *

《资本主义与自由》的开篇，就是对约翰·F. 肯尼迪总统就职演说的抨击；这个演说发表于《资本主义与自由》初版的前一年。具体地说，弗里德曼抨击的是肯尼迪最有名的那句话——这句话至今仍然是所有总统演说中最脍炙人口的名句之一："不要问你的国家能够为你做什么；问一问你自己能够为你的国家做什么。"弗里德曼认为，肯尼迪的呼吁，总结了这个国家所有出差错的地方。他写道："这句话的前半句和后半句所表述的公民与政府之间的关系都是与一个自由社会中自由的人们的理念不相称的。"他指责肯

尼迪总统其实是在暗示，政府和美国民众之间存在一种家长式的关系。弗里德曼说，政府是民众通过集体行为追求共同目标的一个工具，而这个工具的使用，必须是有节制的。“政府对于维持我们的自由来说是必要的，它是一个工具，通过它，我们能够行使我们的 xiii
自由；但是政府将权力集中在政治家手里，所以它也构成了对自由的威胁。”在弗里德曼看来，举凡能依靠市场的就依靠市场，才是增进繁荣、减少机会不平等的最佳方法；这也是让民主更加巩固的最佳方法，因为它能限定人们必须就其达成一致意见的议题之数量。

在接下来的篇幅里，弗里德曼深入浅出而又系统地考察了政府究竟可以小到什么程度的问题。这里并没有先入为主地假定更少的政府管理一定是更好的，而是进行了一系列的考察和判断。读者跟随着弗里德曼一步步得出他的结论，即使在目的地已然清晰可见的时候，其效果也还是十分震撼的。弗里德曼真的呼吁叫停对医生的职业许可，叫停社会保障，叫停对慈善捐款的税额减免吗？（答案：是的，是的，是的。）

这本书所拥有的持久不衰的影响力，是一项了不起的成就；这在很大程度上要归功于罗丝·迪雷克特·弗里德曼。她把米尔顿此前著述中的篇章连缀在一起，从而创造了这本书。弗里德曼在书中表达了对罗丝的感谢，但是在后来，他表示其实应该让罗丝作为合著者署名，以体现她的贡献。关于教育的那一章取自 1955 年的一篇文章；开篇第 1 章源自 1956 年在普林斯顿大学的一次讲座。本书材料的绝大部分，来自 1956 年 6 月弗里德曼在印第安纳州西部的瓦巴什学院（Wabash College）举办的青年经济学教授夏令营作为主要演讲嘉宾所做的一系列讲座。有一些部分篇幅很大且论述详细，有的则基本上是罗列要点的清单。然而，这些独立的篇目累积在一起，构成了简洁有力的论据，据此足以提出质疑：本意良好的政府政策是否真的能取得成效。在结论部分，弗里德曼发出了悲哀的质问："鉴于此种情况，为什么举证的责任似乎还是落在我们这些反对新的政府方案、试图削减已然过分庞大的政府职能的人身上？"

弗里德曼把他自己对政府的质疑形容为"自由主义的"。弗里
xiv 德曼一向是爱争辩的，不愿意把这个词语拱手让给他在意识形态方面的对手们。在书的开头部分，弗里德曼就郑重表示，他自己是自由主义的坚定拥护者，而他所说的自由主义，是"这个词原有的意义——那些属于自由人的信条"。他承认，自由主义的旗帜已经被人夺走了，那些人鼓吹"国家干预以及家长式的政策，而这些正是古典自由主义竭力抗争和反对的事情"。但是，弗里德曼并不认为自己是一个保守派——与他志同道合的人和反对他的人都经常把这个标签用在他身上。说到底，他不是一直在倡导激进的变革吗？

他是一个令人敬畏的倡导者：风度翩翩、满腔热忱并且才思敏捷。有这么一种说法，和弗里德曼辩论的最好办法，就是等他离开之后再辩论。关于对政策施加影响的最佳途径，弗里德曼也看得很透彻：在危机发生的时刻，机会就来临了。他写道，关键在于让思想"保持活力，随时待命，直到原本政治上不可能的事情变为政治上不可避免的事情"。

早在 1951 年，弗里德曼就预测说时机即将来临：他认为，公众已经对大政府颇不耐烦。他写道："舞台已经准备就绪，旧的舆论潮流将由新的舆论潮流取而代之。"这个预测有些太过乐观了。一直

到 1962 年，公众仍然没有准备好接受米尔顿·弗里德曼的思想。

*　　　　*　　　　*

《资本主义与自由》的出版，标志着弗里德曼从学术界转战公共领域的开端。但是，这本书并没有像弗里德曼热切期望的那样立即引起普罗大众的广泛关注。《纽约时报》(*New York Times*)等主流报纸并没有刊载相关书评，以致弗里德曼抱怨说——他的抱怨不无道理——这些报纸经常报道支持自由主义经济观点的图书，而弗里德曼的名望，与撰写这些图书的教授是旗鼓相当的。

事实上，这本书及其所包含的思想是缓慢地渗入主流思想之中的。

1964 年的共和党总统候选人、亚利桑那州参议员巴里·戈德华特(Barry Goldwater)，是最早信奉弗里德曼思想的人之一，他邀请弗里德曼做他的顾问。弗里德曼为戈德华特的演讲出谋献 xv
策，并且在《纽约时报杂志》(*New York Times Magazine*)上发表了一篇文章，题为《戈德华特的经济观点》(The Goldwater View of Economics)，其中所体现的，大体上是他的经济观点。戈德华特被约翰逊击溃了，但是其他的保守派政治家认为其在经济方面传递的信号大有前途。1966 年罗纳德·里根竞选加利福尼亚州州长期间，他的一名助手注意到，他随身带着一册《资本主义与自由》。弗里德曼的思想引起了里根的共鸣，里根开始频繁地求教于弗里德曼。在 1976 年的一次无线电广播讲话中，里根敦促华盛顿的决策者们听从弗里德曼对于有关政策的意见。五年之后，里根自己入主华盛顿。

1960 年代早期，在史蒂芬·赫贝茨(Stephen Herbits)还是塔夫茨大学(Tufts University)经济系的一名本科生时,他就阅读了这本书。该书激起了他对政治的兴趣。尤其让他印象深刻的,是弗里德曼呼吁政府终止强制性兵役,转而采用“支付必要价格的方式来吸引到指定的人数”,补充军队兵源。第二次世界大战之后,国会准许继续采用强制征兵的办法,美国每年都需要数以万计的年轻人入伍。弗里德曼认为,强制征兵是不道德的,并且效率低下:强制征兵限制了年轻人的自由,阻碍了年轻人对自己的人生做出最好的安排。按照市场通行的工资向士兵支付酬劳,让猫王中士专注于唱歌,才是更好的办法。赫贝茨大学毕业之后,选择了国会山的一份工作,成为终止强制性兵役的一位早期倡导者;在1967年,他为几位自由派的共和党议员代写了一本书,名字叫作《如何终止强制性兵役:支持全志愿军队的理由》(*How to End the Draft: The Case for an All-Volunteer Army*)。弗里德曼也继续主张终止强制性兵役。尼克松在其1968年的总统竞选过程中,抓住并利用了这一点。尼克松成功当选之后,邀请弗里德曼和赫贝茨加入一个总统委员会,后来,该委员会提出了全志愿军队的动议。强制性兵役在1973年终止了;弗里德曼说,他在这当中所扮
xvi 演的角色,是让他最感自豪的成就之一。他后来写道:“我所参与的公共政策活动中,没有一个能带给我与之相媲美的满足感。”

亨利·曼尼(Henry Manne)也读过《资本主义与自由》。曼尼是一名法学教授,曾就读于芝加哥大学。1970年代中期,他着手给联邦法官们讲授自由市场经济学。他邀请法官们到南佛罗里达参加免费的研讨班,在那里,有经济学家——包括弗里德曼在内——为他们讲课。截至1990年,曼尼已经十分成功:全部在职

联邦法官中，足足有 40%的人接受了再教育，而每位参加者都拿到了一本《资本主义与自由》。

弗里德曼的这部著作也拥有很多国外的读者。在 1992 年的一次演讲中，撒切尔夫人回顾了她担任英国首相的岁月，她说："我们从年轻时起就接受了弗里德曼的教诲。"瓦茨拉夫・克劳斯(Vaclav Klaus)是苏联解体之后捷克共和国的第二任总理。他说，在当时，弗里德曼的这部著作被偷运进捷克斯洛伐克和其他东欧国家，而且经常是未经授权的译本；这本书曾经是黑暗中的指路明灯。克劳斯说，"因为弗里德曼，我成为了不受限制的市场经济的一名真正信奉者"。在智利，曾在芝加哥大学接受教育的自由市场派经济学家们说服领导人奥古斯托・皮诺切特(Augusto Pinochet)采取以市场为导向的政策。这当中的一位经济学家——何塞・皮涅拉(José Piñera)——对智利的社会保障体系进行了私有化改革。皮涅拉说，他的相关理念源自《资本主义与自由》。

渐渐地，这本书也变成了大众畅销书。弗里德曼夫妇位于佛蒙特州的避暑别墅，就是用这本书的版税收入建造的；他们给别墅取名为"卡佩塔夫"*，以示纪念。该书的成功也助力弗里德曼开启了又一条职业道路：他成为了一名公共知识分子。弗里德曼成为《新闻周刊》(*Newsweek*)的专栏作家，还经常出现在电视节目中，成为人们很熟悉的面孔；在共和党的理查德・尼克松、杰拉尔德・福特和罗纳德・里根执政期间，弗里德曼是白宫的常客。在

---

* 英文为 Capitaf，是从书名 *Capitalism and Freedom* 中取若干字母组成的。——译者

1980 年，弗里德曼在公共电视网主持了一档名为“自由选择”(Free to Choose)的节目，共十集，他在其中详细阐述了他的经济观点和政治观点。丹尼尔·帕特里克·莫伊尼汉(Daniel Patrick Moynihan)
xvii 称弗里德曼是“我们这个时代最富创造性的社会-政治思想家”。

* * *

弗里德曼于 2006 年去世。他十分长寿，因此能够亲眼见到他自己的很多激进思想变成人们司空见惯的想法。不过，即使在他晚年，他也并不认同那些为他的胜利而欢呼庆祝的人，他强调说，其实大部分的事情还是没有改观。在 2006 年与经济学家拉斯·罗伯茨(Russ Roberts)的一次访谈中，弗里德曼说：“我有一个很长的清单，上面列着政府不应该做但正在做的事情。其中唯一一个已经真正实现的，就是自愿参军。”

就事实本身来说，情况确实如此；但是，回顾整个时期的历史，就能看到，情况其实大不相同。

自从 1962 年《资本主义与自由》问世以来，美国以及全球很多国家的经济政策都朝着弗里德曼所建议的方向发生了巨大的转变。弗里德曼的胜利可能算不上大获全胜，但是所发生的改变仍然十分引人注目。比如，弗里德曼的思想重新塑造了政府调控经济、应对衰退的方式，产生了深远的影响，把中央银行推上了主角的位置。弗里德曼有一个论断非常有名，他说，是联邦储备委员会引起了大萧条，把一次普通的经济萎缩变成了一次历史性的衰退，因为他们未能给经济注入足够的货币。2002 年，在庆祝弗里德曼九十华诞的时候——此时也恰好是《资本主义与自由》出版四十周年——时任美联储理事会成员的本·S. 伯南克(Ben S. Bernanke)

对弗里德曼及经常与其合作的安娜·施瓦茨(Anna Schwartz)说:“关于大萧条问题,您的看法是对的。是我们犯了错误。我们感到非常抱歉。但是多亏了您,我们不会再犯那样的错误了。”几年之后,伯南克成为了美联储主席,在 2007—2009 年的金融危机期间,他谨守对弗里德曼的承诺,给银行体系提供了大量的资金,以使经济复苏。

也并不是弗里德曼的每个想法都受到了欢迎。他的有些想法,比如国家公园应该作为私人企业来运营的提议,就从来没有得 xviii
到过太多人的支持。而他的其他想法仍然是争议颇为激烈的话题,包括提倡教育券、社保私有化等。但是,《资本主义与自由》字里行间勾勒出的很多想法,已经变成了彻头彻尾的寻常见解,现在反而是那些批评者们看起来像是激进派了。弗里德曼认为,各国应该放弃那种将各国货币的相对价值确定下来的国际协议,这种观点已然成为人们普遍认同的观点。他主张州立大学应该提高收费、政府应该停止建造公共住房、个人所得税的税率应该大幅下降。他还主张收取负所得税,以便为低收入家庭提供支持——所得税抵免(earned income tax credit)就是由此而来的。2006 年弗里德曼去世后,哈佛大学经济学家、民主党总统顾问拉里·萨默斯(Larry Summers)写道,“如今世界各国施行的经济政策,受弗里德曼的影响最大,远超过当代其他人”。

* * *

弗里德曼为 2002 年出版的《资本主义与自由》四十周年纪念版撰写了一个简短的序言,他写道,对于他之前的根本性论断——资本主义和自由是共生的——他的看法发生了动摇。他仍然认为资本主义是政治自由的一个必要前提。事实上，在考察了发展中国家的崛起之后，弗里德曼写道：“在所有这些国家中，伴随着经济自由度的提高同时出现的是政治自由度和公民自由度的提高，而且经济自由度的提高也带来了更大的繁荣；竞争性资本主义与自由是密不可分的——这也恰好与本书的主题相吻合。”但是，弗里德曼接下来说，对于以下这一点，他已经不那么有把握，即为了获得经济自由，政治自由是必不可少的。他写道，在某些情况下，政治自由会“阻碍经济自由和公民自由”。

xix 这是一种非同寻常的退让。弗里德曼说服了为数众多的人，让他们相信：为了获得其他自由，自由市场是必不可少的；他现在又说，大家应该接受加诸其他自由之上的各种限制。一方面是弗里德曼称之为公民自由的东西（他认为公民自由是安全的），另一方面是政治自由（他认为政治自由具有潜在的危险性）——他在这两者之间划定了界限。虽然弗里德曼并没有详细阐述公民自由和政治自由的定义，我们仍然可以根据与他志同道合的学者们的著作，推断出他想要表达的意思；这些学者长久以来就主张国家应该限制政治自由，以便保护经济自由，尤其是保护财产权。换句话说，弗里德曼认为具有危险性的自由，乃是管控市场的自由或对财产进行再分配的自由。对资本的控制——对货币跨越国境的自由流动进行限制——是一个绝好的例子。在《资本主义与自由》中，弗里德曼把这种控制描述成对经济自由的一种根本性的侵害，但是，他并没有提议必须阻止政府实施这样的控制。不过，从那个时候以来，已经有其他自由市场的倡导者主张对主权国家进行国际性的限制，例如，要求发达国家减少对资本的控制，以此作为成

为经合组织(OECD)成员的条件;这些主张获得了成功。

随着时间的流逝,我们已经意识到,虔诚地信奉市场,也会以更加直接的方式对其他自由产生限制。如果限制对经济产出的再分配,就会助推经济获利集中于极少数人手中。美国的经济比以往任何时候都更加壮大,然而数以百万计的美国人并没有享受到免于匮乏的自由。很多人缺少住房和医疗保健,也缺少机会。出生在贫困街区的人所拥有的成功机会,比以往任何时候都更小,其中一部分原因在于过去的歧视所带来的后遗症与财富的分布、机会的配比紧密地联系在一起。这些不平等使共同目标的意义发生扭曲变形,而共同目标对于维持民主的正常运转是十分必要的。现在,要想谈论“咱们老百姓”变得越来越困难了,因为“咱们”所拥 xx
有的共同点越来越少。

弗里德曼说,“市场的广泛运用能够降低对社会结构的损害”;这种说法误解了社会的本质,社会更像是肌肉,而不是结构。社会网络通过使用而变得更加强大。一个社会的决定性特征,是共同的责任,而市场的决定性特征,则在于能够退出。

唯一站得住脚的结论,就是资本主义和自由之间的关系是非常复杂的,必须分别估量二者的价值,必须在二者的各种互相竞争的迫切要求之间取得一种平衡。弗里德曼的这本书在 20 世纪的思想史和政治史上,都占据着不可撼动的地位;除此之外,当一代又一代的后来人重新面对上述挑战的时候,这本书仍然会具有很强的现实意义。关于上述问题的内在的利弊得失,《资本主义与自由》给出了一种异常清晰的阐述。它是澄清问题的一个透镜——也许,对于那些想要得出不同结论的人们来说,情况尤其如此。

xxv

1982 年版序言

我是在四分之一个世纪以前发表收入本书的这些演讲的(我妻子帮助我把它们整理成书)。即使对活跃于其时的人们来说,要重现当年知识界的氛围也十分困难,更不用说那些占现有人口半数以上的、当时年龄不到十岁甚至还没有出生的人们了。那时候我们当中有一些人对政府势力的增长以及福利国家和凯恩斯主义观点大行其道将给自由与繁荣带来的威胁深感忧虑。然而这样的人属于饱受围攻、为数不多的少数派,被绝大多数的知识界同行视为怪人。

即使在演讲发表的七年之后,即这本书首次出版的时候,其中的观点仍与主流大相径庭,以至于没有任何一家全国性的主要出版物刊登有关的书评;虽然伦敦的《经济学人》(*Economist*)杂志和各主要学术杂志都发表了相关评论,但是《纽约时报》、《先驱论坛报》(*Herald Tribune*,当时该报还在纽约出版)、《芝加哥论坛报》
xxvi (*Chicago Tribune*)、《时代周刊》、《新闻周刊》甚至《星期六评论》(*Saturday Review*)都没有对本书做出任何评论。这就是一本针对普通大众、由一所美国知名大学的教授撰写且在之后的 18 年中销售量超过 40 万册的图书的遭遇。如果一本书由具有同等学术水平的经济学家来撰写,但其观点是赞成福利国家、社会主义或共产主义的,那么很难想象它会得到与此类似的沉默无声的对待。

在刚过去的四分之一个世纪里，知识界的氛围发生了很大的变化，这一点由我和我妻子撰写的《自由选择》(*Free to Choose*)一书所受到的极其不同的对待即可证实——《自由选择》是与《资本主义与自由》完全一脉相承的一本书，阐述的是相同的基本原理，于 1980 年出版。各大出版物纷纷刊登关于《自由选择》的书评，而且常常以长篇专题评论的形式推出。它的部分内容被转载于《图书文摘》(*Book Digest*)，而且还上了当期的封面。该书在首印当年在美国就售出 40 万册精装本，至今已经被译成 12 种语言，并且在 1981 年年初发行了大众平装本。

我们认为这两本书受到的不同待遇不能以质量不同为由来解释。事实上《资本主义与自由》才是更富哲理性、更抽象，故而也更重要的一本。至于《自由选择》一书，正如我们在其前言中写的那样，涉及了“更多的螺栓和螺母、较少的理论框架”。它是对《资本主义与自由》一书的补充，而不是代替。从表面上看，这两本书所受待遇的不同可以归因于电视的力量。《自由选择》是以我们在 PBS 电视台所做的同名系列节目为基础撰写且同时配合节目推出的。毫无疑问，电视系列节目的成功提高了这本书的知名度。

这样的解释流于表面化，因为电视节目本身的出现和成功其实都只不过证明了知识界氛围的变化。在 1960 年代根本没有人联系我们去做像“自由选择”这样的电视系列节目。那个时候，这样的节目即便能找到赞助商，也是寥寥无几的。即使真有这样的节目被制作出来，也不会有多少观众认同其中的观点。不，应该说《自由选择》所受到的不同待遇以及电视系列节目的成功都是舆论氛围变化的共同结果。我们这两本书中的观点还远不是知识界的主流思想，但至少这些观点目前在学术圈内是非常体面的，而在更广泛的公众领域几乎可以说是司空见惯的了。

舆论氛围的变化不是由这本书或其他许多遵循相同的传统思路的书[比如哈耶克的《通往奴役之路》(*Road to Serfdom*)和《自由宪章》(*Constitution of Liberty*)]所造成的。要证明这一点，只需看一看 1978 年《评论》(*Commentary*)杂志的编辑们写的关于“资本主义、社会主义和民主”专题的投稿启示就足够了。启示里有一段写道：“对于资本主义和民主之间可能有着必然联系这个观点，最近有许多知识分子渐渐发现它似乎很有道理；如果是放在从前，他们一定会认为这样的观点不仅是错误的，而且从政治上来说是危险的。”我在给这个专题的投稿中大量引用了《资本主义与自由》中的内容，还引用了一些亚当·斯密的话，并且在最末尾发出了邀请：“欢迎你加入我们。”[①]即使在 1978 年，在除了我以外的 25 名专题投稿人当中，也只有 9 个人所表述的观点可以被归类为赞同《资本主义与自由》的主旨。

舆论氛围的变化是由经验而不是任何理论或原理造成的。俄国曾经被知识分子阶层寄予厚望，但现在它们的情况显然并不乐观。英国的费边社会主义曾经对美国的知识分子产生过显著的影响，但现在英国也是困难重重。拿我们身边更近的事情来说，越
xxviii 战，尤其是肯尼迪总统和约翰逊总统在其中所起的作用，使得那些作为大政府的忠实拥护者、在全国范围内以绝对多数支持民主党的知识分子们幻想破灭了。许多宏大的改革方案——比如以前旗

① 《评论》杂志，1978 年 4 月，第 29—71 页。

帜性的福利、公共住房、对工会的支持、取消学校的种族隔离、联邦教育资助、平权措施等——都让人极度失望。而全国的其他人则发现他们的钱包受到了通货膨胀和高税收的冲击。只有以上这些现象才能解释从 1964 年巴里·戈德华特的大溃败到 1980 年罗纳德·里根的大获全胜所发生的转变(他们二人的施政纲要和理念在本质上其实是相同的)——这种转变绝不是因为被那些谈论原则的书本所阐述的观点说服而产生的。

那么像《资本主义与自由》这种书的作用是什么呢? 我认为有两重作用。第一点是为闲聊提供谈资。正如我们在《自由选择》的前言中写的那样:“能真正说服你的人唯有你自己。你必须在空闲的时候从容地在脑子里反复考虑这些问题,权衡那些理由和论据,让它们互相冲击,最终经过长时间的思考把你直觉上的偏好转化成确定的信念。”

第二点,也是更为基础的作用,是帮助维持选择余地的开放性,直到形势的发展使我们不得不做出改变。在私人的事务安排中,惯性(亦即现状的专制)的作用力是非常强大的,而在政府的事务安排中情况尤其如此。只有危机——不论是真实的还是假象的——才能引起真正的改变。而危机发生的时候将会采取的行动就取决于周边那些闲置备用的观点。我相信这就是我们的基本功用:在现有政策以外研究和发展其他可能的理论,使其保持活力、随时待命,直到原本政治上不可能的事情变为政治上不可避免的事情。

有一个我亲身经历的故事也许能更好地说明问题。那是在 1960 年代末,我在威斯康星大学与一位因循守旧的集体主义者莱昂·凯萨林(Leon Keyserling)展开了一场辩论。按照他的想法，他对我的致命的一击是要嘲笑我的观点是彻头彻尾的“反动”观点;为了做到这一点，他选择当众朗读我在本书第 2 章的末尾所列
xxix 出的事项——我在书里写道:“在我看来，按照我们前面所概述的原则，这些活动不能被证明是十分正当的。”当他一一念出我对价格补贴、关税等的严厉抨击时，作为听众的学生们都十分赞同他——直到他念到第 11 条:“在和平时期强制征募人员服兵役。”我所表达的对征兵的反对引来了学生们热烈的掌声，使凯萨林失去了听众，也输掉了辩论。

说起来，到目前为止，在我列出的 14 项不合理的政府行为中，征兵是唯一一项已经被废止——但这个胜利也并非不可逆转。在其他许多事项上，我们甚至越来越远离本书所拥护的那些原则——这样的事实一方面推动了舆论氛围的转变，另一方面证明了这一转变到目前为止几乎没有产生什么实际效果。这样的事实也证明了，尽管本书中的一些例子和细节可能过时了，但是本书的基本主题始终与现实息息相关，在 1962 年是如此，在 1981 年也是如此。

1962 年版序言 xxxi

1956 年 6 月，我在沃尔克基金会（Volker Foundation）赞助的、约翰·冯·希克勒（John Van Sickle）和本杰明·罗格（Benjamin Rogge）在瓦巴什学院组织召开的一次会议上做了一系列演讲；本书就是这些演讲的姗姗来迟的产物。在其后的几年中，我还在其他的沃尔克会议上做过类似的演讲，包括在克莱蒙特学院（Claremont College）由阿瑟·肯普（Arthur Kemp）组织的会议、在北卡罗来纳大学（University of North Carolina）由克拉伦斯·菲尔布鲁克（Clarence Philbrook）组织的会议，以及在俄克拉荷马州立大学（Oklahoma State University）由理查德·莱夫特威奇（Richard Leftwich）组织的会议。每次演讲我都会讲到本书前两章的内容，谈论基本原则，然后把这些原则运用到一组不同的特殊问题上去。

我非常感激这些会议的组织者，他们邀请我做演讲、对我的演讲提出批评和建议，并敦促我把它们初步写成文章；感谢沃尔克基金会负责安排这些会议的理查德·科纽尔（Richard Cornuelle）、肯尼斯·坦普尔顿（Kenneth Templeton）和伊万·比尔利（Ivan
Bierly）。我也非常感激参加会议的人们，他们对相关议题的深入 xxxii
探索和浓厚兴趣，以及他们不可抑制的对知识的热情都促使我重新思考许多要点，并改正了许多错误。对我来说，这一系列会议意义非凡，是我经历的最富启发性的思维体验之一。不用说，也许没有任何一位会议的组织者或参加者会同意本书中的所有观点。但是我相信他们也许愿意承担关于本书的一部分责任。

我在本书中所表述的理念及许多细节都应该归功于我的老师、同事和朋友，尤其是我在芝加哥大学有幸结识的一群出类拔萃的学者：弗兰克·H. 奈特（Frank H. Knight）、亨利·C. 西蒙斯（Henry C. Simons）、劳埃德·W. 明茨（Lloyd W. Mints）、阿伦·迪莱克特（Aaron Director）、弗里德里希·A. 哈耶克（Friedrich A. Hayek）和乔治·J. 斯蒂格勒。他们会在本书中发现许多属于他们的观点，而我未能一一致谢；对此我希望求得他们的谅解。我从他们那里学到了非常多的东西，而我学到的东西又紧密地融入了我自己的思想，所以我的确不知道如何区分出他们的观点并用脚注加以标明。

还有其他许多我非常感激的人，我不敢试图在这里列出他们的名字，以免我不小心遗漏了谁，那将是非常不公平的。不过我还是忍不住要提起我的两个孩子，珍妮特和大卫。他们不愿意凭空相信任何事情，这迫使我不得不用简单的语言来表达技术性问题，因而加深了我对各个要点的理解，但愿这也使我的阐述更有说服力。当然他们也只是承担一部分责任，而不是完全赞同我的观点。

我大量使用了我已经出版或发表的各种作品。第 1 章曾经以“资本主义与自由”为标题，被收录于菲利克斯·莫利（Felix Morley）主编的《论个性》（*Essays in Individuality*，宾夕法尼亚大学出版社 1958 年版）一书，还曾经以相同的标题略作修改发表于《新个人主义者评论》（*The New Individuality*，1961 年 4 月，第 1

卷，第 1 期）；我在这里对它作了修订。第 6 章曾经以与本书中相同的标题被收录于罗伯特·A. 索罗（Robert A. Solo）主编的《经济学和公共利益》（*Economics and the Public Interest*，罗格斯大学出版社 1955 年版）一书，我在这里也对它进行了修订。在其他各章中也有这样那样的内容是从我的各种文章和著作中摘取出来的。

“如果不是因为我妻子的帮助，这本书根本不可能完成”——这句话已经成为学术著作前言中的老生常谈。但在这里，事实真的就是这样。我妻子把我的各种演讲的片段组合在一起，合并了不同的版本，使演讲稿更加接近于英语的书面语言，并且自始至终都是完成这本书的主要推动力。本书的扉页上有她的名字，但这远远未能体现她的贡献。

我的秘书穆丽尔·A. 波特（Muriel A. Porter）在我需要帮助时总是能够提供高效率的、可靠的协助，我非常感谢她。她录入了本书大部分的手稿，以及部分内容的历次草稿。

导　论

3　肯尼迪总统在他的就职演说中说过："不要问你的国家能够为你做什么；问一问你自己能够为你的国家做什么。"这句话经常被人引用。关于这段话的争议主要集中在它的出处上，而不是它的内容上——这就是我们这个时代的风气的显著特征。这句话的前半句和后半句所表述的公民与政府之间的关系都是与一个自由社会中自由的人们的理念不相称的。"你的国家能够为你做什么"是家长式的(paternalistic)，意即政府是庇护者，公民是受监护的人，这样的观点与自由人的信念——他对自己的命运负责任——是互相矛盾的。"你自己能够为你的国家做什么"则是机体式的(organismic)，意即政府是主人或者神明，公民是仆人或者信徒。对自由人来说，国家是组成国家的众多个体的集合，并不是凌驾于他们之上的事物。他为共同的遗产而自豪，也遵循共同的传统。但是他把政府看作一种手段，一种工具，既不是恩惠和好处的给予者，也不是应该盲目崇拜和服侍的主人或者神灵。他不承认任何国家层面的目标，除非这一目标与公民们各自所追求的目标相一致。他不承认任何国家层面的意义，除非这样的意义与公民们各自努力要实现的意义相一致。

自由人既不会问他的国家能为他做什么，也不会问他能为他的国家做什么。他会问的是："借助政府的力量我和我的同胞们能够做什么”来帮助我们履行我们的职责、实现我们各自的目标和意义，尤其是保护我们的自由？在提出这个问题的同时，他还会问另一个问题：我们建立政府原本是为了保护自由；我们如何才能防止我们创建的政府变成一个弗兰肯斯坦式的怪物*摧毁我们的自由？自由是一株珍稀而又娇贵的植物。我们的头脑告诉我们——历史也证实了这一点——权力的集中是对自由的巨大威胁。政府对于维持我们的自由来说是必要的，它是一个工具，通过它，我们能够行使我们的自由；但是政府将权力集中在政治家手里，所以它 4
也构成了对自由的威胁。即使行使这种权力的那些人最初是秉持着善意的，即使他们能够不被他们所操控的权力所腐化侵蚀，权力也会吸引来并且逐渐滋生出一批完全不同类型的人。

我们如何才能受益于政府所具有的潜力，同时又规避政府对自由的威胁？包含在我们的宪法中的两个大局性原则（broad principles）给出了一种答案，使我们到目前为止得以维持我们的自由——尽管在实践中，在号称将它们奉为圭臬的同时，一再出现违反这两个原则的事情。

第一个大局性原则是政府的权力范围必须受到限制。政府的主要职能必须是保护我们的自由不受国门之外的敌人以及我们的同胞的侵害：维护法律和秩序、确保私人合同得到履行，以及培育竞争性的市场。在这个主要职能以外，政府还可以间或协助我们合力完成我们自己单枪匹马很难做到的或者做起来花费太昂贵的

---

* 弗兰肯斯坦（Frankenstein）：源于玛丽·雪莱的小说《弗兰肯斯坦》，弗兰肯斯坦是科学家造出来的一个怪物。——译者

事情。不过，任何这样运用政府的行为都充满了危险。我们不应该，也不可能避开这种运用政府的方式。但是在此之前，我们必须确保这样做的益处明显地远远大于其害处。通过在经济活动以及其他活动中主要依赖于自愿的合作和私人的企业及机构，我们就可以确保私人部门（private sector）能够对政府部门（governmental sector）的权力构成一种制约，确保言论自由、宗教信仰自由和思想自由得到有效的保护。

第二个大局性原则是必须分散政府的权力。如果政府一定要行使权力，那么能放在县一级的权力，最好不要放在州一级，能放在州一级的权力，最好不要放在华盛顿。如果我不喜欢我居住的地区的所作所为，无论是关于污水处理、规划还是学校，我可以搬到另一个地区去；尽管很少有人这样做，不过单是存在着这种可能性就构成一种制约。如果我不喜欢我居住的州的所作所为，我可
5 以搬到另一个州去。但是，如果我不喜欢华盛顿的发号施令，那么，我在这个世界上就几乎没有什么别的选择，因为每个国家都很警惕地守护着自己的地盘。

避免让联邦政府制定法律法规是非常困难的，困难之处恰恰就在于中央集权对其拥护者具有非常大的吸引力。拥护者们相信，中央集权能让他们更有效地制定**他们所认定的**那些有益于公众的法案，无论是将收入从富人手里转移到穷人手里，还是将收入从私人目的转移到政府的目标上。从某种意义上说，他们是对的。但是这枚硬币是两面的。为善的权力也是作恶的权力；今天掌握权力的人，明天也许就失去了权力；而且更重要的是，一个人认为是有益的事情，另一个人可能认为是有害的。中央集权化的巨大

悲剧在于，推动它的主要是秉持着善意的人们，而他们将是最先懊悔其后果的人——扩张政府的权力范围也会引起这样的悲剧。

维护自由是我们之所以要限制和分散政府权力的保护性的原因。此外，还存在着一个建设性的原因。文明的巨大进步，无论是建筑还是绘画，科学还是文学，工业还是农业，从来都不是源自中央集权政府的。哥伦布并不是为了响应议会中多数派的决议才出发去寻找通往中国的新航线的，虽然他的一部分资助确实来自一位专制君主。牛顿和莱布尼茨；爱因斯坦和玻尔；莎士比亚、弥尔顿和帕斯捷尔纳克；惠特尼、麦考密克、爱迪生和福特；简·亚当斯、弗洛伦斯·南丁格尔和阿尔贝特·史怀泽；这些人在增进人类的知识和理解力、文学创作、挖掘技术的潜力、减轻人类的痛苦等方面开拓了新的疆土，但他们当中没有一个是为了响应政府的指令才这样做的。他们的成就产生于个体的才华、对自己的非主流观点的坚持，以及能够容忍差异性和多样性的社会氛围。

政府永远无法复制个体行为的差异性和多样性。在任何时 6
候，通过强制实行住房、营养或衣物方面的统一标准，政府无疑能够提高许多个体的生活水平；通过强制实行教育、公路建设或卫生方面的统一标准，中央政府无疑能够提高许多地区的施政水平，甚至可能提高所有社区的平均表现水平。但是，在这样的过程当中，政府将会以停滞取代进步，以清一色的中庸取代多样性——这种多样性对于试验活动是至关重要的，而多种多样的试验活动将能够使明天的落后者的水平超过今天的平均水平。

本书讨论的是这些重大问题中的一部分。本书的主题是竞争性资本主义（即通过私人企业在自由市场中的运营而实现对绝大部分经济活动的组织)作为经济自由的一种体制和政治自由的必要条件所起的作用。本书的附带议题是在一个一心致力于自由、主要依靠市场来组织经济活动的社会中政府所应该扮演的角色。

本书的前两章从抽象的层面上分析这些问题,侧重于基本原则而不是实际应用。后面的各章则运用这些原则去分析各种具体的问题。

抽象的论述有可能做到完美而详尽,尽管接下来的两章远未实现这一理想目标。至于对原则的运用,则根本无法想象它能够穷尽所有的情况。每一天都带来新的问题和新的状况。正是因为这一点,我们永远无法一劳永逸地一一列出国家的具体职能,把国家的角色解释清楚。也正是因为这一点,我们需要不时地重新考查我们希望能够一直保持不变的那些原则与当今各种问题的关系。由此必然产生的副产品就是这些原则重新受到检验,而我们也将能够更加深刻地理解这些原则。

7 如果能给本书中所阐释的政治的和经济的观点贴一个标签,那将是非常方便的。在这里,正确而恰当的标签应该是自由主义(liberalism)。不幸的是,“私营企业制度的敌人们早已想到要篡夺本属于它的标签,这是一种至上的——虽然可能是不经意的——恭维”[①];因此,在当今的美国,自由主义的含义已经不同于19世纪的自由主义,也不同于现今在欧洲大陆大多数地方的自由主义。

当以自由主义的名义进行的那场思想运动在18世纪晚期到

① 约瑟夫·熊彼特:《经济分析史》(*History of Economics Analysis*),纽约:牛津大学出版社1954年版,第394页。

19 世纪早期逐渐发展起来的时候，它强调自由是终极目标，个体是社会的终极单位。它主张在国家内部推行自由放任，并以此为手段削减政府在经济事务中的作用，从而放大个体的作用；它主张对外实行自由贸易，并以此为手段将世界上的各个国家和平而又民主地联系在一起。在政治问题上，它主张大力发展代议制政府和议会式机构，削减政府的专断性权力，并保护个体的各种公民自由。

从 19 世纪末开始——在 1930 年后的美国此种情况尤甚——人们将自由主义这个词与一种截然不同的强调重点联系在一起，尤其是在经济政策方面。在谈到自由主义时，更多的是指为了实现公认的有利的目标，更愿意主要依靠政府，而不是依靠私人的自主安排。最流行的词汇是福利和平等，而不是自由。19 世纪的自由主义者认为，自由的普及才是推进福利和平等的最有效的方法；20 世纪的自由主义者要么把福利和平等看作自由的前提条件，要么将其看作可以替代自由的另外一种选择。打着福利和平等的名
义，20 世纪的自由主义者支持国家干预以及家长式政策的复兴， 8
而这些正是古典自由主义竭力抗争和反对的事情。他们自己正在将时钟拨回到 17 世纪的重商主义，但他们却热衷于指责说真正的自由主义者是反动的！

自由主义一词的含义的变化在经济方面比在政治方面更加明显。20 世纪的自由主义者同 19 世纪的自由主义者一样，支持议会制度、代议制政府、公民权利等。但是即使是在政治方面，也存在着一个明显的区别。19 世纪的自由主义者警惕地守护自由，并且非常担心中央集权——无论是它在政府手里还是在个人手里；

因此他们都支持政治分权化。20 世纪的自由主义者致力于行动，并且坚信，只要权力还掌握在从形式上看由选民所控制的政府手里，权力就会是行善的；因此他们都支持中央集权政府。面对权力应该设置于哪个层面的任何疑问，他们总是倾向于将权力设置于州一级，而不是市一级，设置于联邦政府一级，而不是州一级，设置于世界性组织一级，而不是国家政府一级。

因为自由主义一词的原有含义受到侵蚀，原来被归在这一名称下的各种观点现在往往都被贴上了保守主义的标签。但是保守主义并不是一个令人满意的选择。19 世纪的自由主义者是激进的——这既是从词源的意义上讲，即对事情追根究底*；也是从政治的意义上讲，即支持社会制度的重大变化。所以自由主义者在现代的继承人也必须是激进的。我们不希望保留那些严重妨碍了我们的自由的国家干预，不过，我们当然希望保留那些促进了自由的国家干预。此外，在实际生活中，保守主义一词现在涵盖的观点太广泛了，这些观点彼此根本就不相容，所以我们无疑将会见证那些用连字符连接的名称的增长，比如自由-保守主义者和贵族-保守主义者。

9 部分地因为我不愿意把自由主义这个词拱手让给那些将会毁灭自由的政策的鼓吹者，部分地因为我找不到更好的替代词，为了解决这个难题，我将在自由主义这个词原有的意义——那些属于自由人的信条——上使用它。

---

* 此处“激进的”英文为“radical”，该词源自拉丁文“*radix*”，指植物的根。“radical”一词在英文中也有“根本的，基本的”之义。——译者

第1章　经济自由和政治自由的关系

人们普遍相信，政治和经济是分开的，在很大程度上没什么联 11 系；个人的自由是个政治问题，而物质福利是个经济问题；任意一种政治安排可以和任意一种经济安排组合在一起。这样的观点在当代最主要的表现就是很多人对“民主社会主义”的鼓吹——他们坚决谴责俄国的“集权社会主义”对个人自由的限制，但他们认为一个国家可以在经济安排上主要采用俄国式的办法，同时通过政治安排去保证个人的自由。本章的论点就是：这样的观点是一种不切实际的幻想，经济和政治之间有着紧密的联系，只有特定的政治安排和经济安排的组合才是可行的。

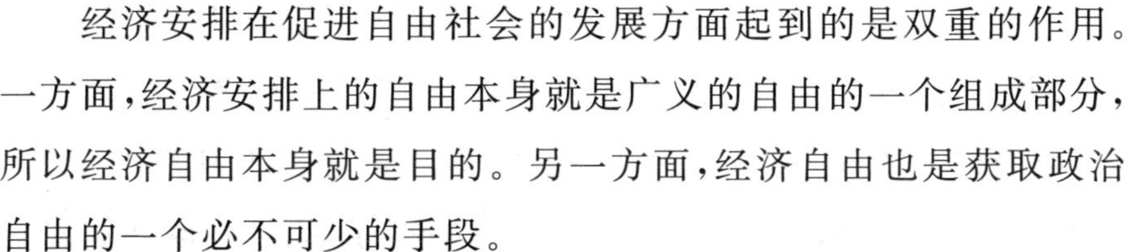

经济安排在促进自由社会的发展方面起到的是双重的作用。一方面，经济安排上的自由本身就是广义的自由的一个组成部分，所以经济自由本身就是目的。另一方面，经济自由也是获取政治自由的一个必不可少的手段。

我们要特别强调上述经济自由的第一个作用，因为知识分子们尤其抱有严重的偏见，认为自由的这个方面是不重要的。他们倾向于对他们所谓的生活的物质方面表示轻蔑，并且认为他们对那些所谓的更高价值的追求才是更高层次的、更有意义的，才值得特别的关注。但是，对这个国家的大多数公民来说——即使对知识分子们来说情况不是如此——与经济自由作为政治自由的手段所具有的间接重要性相比，经济自由本身的直接重要性至少是同样意义非凡的。

12 在“二战”之后，因为外汇管制，大不列颠的公民们被禁止到美国度假，他们被剥夺了一种重要的自由；而美国的公民们因为他们的政治观点，也没有机会到俄罗斯度假，他们也被剥夺了一种重要的自由；两种情形不相上下。从表面上看，一个是对自由的经济限制，另一个是对自由的政治限制，但是二者之间并没有本质区别。

由于法律的规定，美国公民不得不从他的收入中拿出大约10％，用来购买一种由政府管理的、特殊的退休合同——他们被剥夺了他们个人自由的相应的一部分。这种剥夺能够多么强烈地被感受到，以及它与剥夺宗教自由的相似性——所有人都会认为宗教自由是“公民的”或“政治的”，而不是“经济的”——在一件涉及阿曼门诺派(Amish sect)农民们的事情中被戏剧化地反映出来。按照他们自己的原则，这群农民认为强制性的联邦养老计划是对他们个人自由的一种侵犯，因此拒绝缴税或者拒绝接受福利。结果，他们饲养的牲畜被牵去拍卖掉了，以便能够交上社保的税款。的确，认为强制性的养老保险是对自由的剥夺的公民，也许他们的人数并不多，但是信仰自由的人是从来不数人数的。

按照美国各州的法律，除非获得相关执照，否则不能自由从事所选择的职业——所以美国公民也相应地被剥夺了他的自由中很重要的一部分。如果有个人想用他的产品比如说和一个瑞士人换一块表，也无法做到，因为有配额限制——他也被剥夺了部分自由。再比如有个加利福尼亚人贩卖“Alka Seltzer”牌健胃消食片，价格低于制造商们按照所谓的“公平贸易”法律设定的价格，因此被关进监狱——他也被剥夺了自由。不能想种多少小麦就种多少小麦的农民也是一样。等等等等。很显然，经济自由就其本身而言，就是全部自由的极为重要的一个组成部分。 13

如果把经济安排看作政治自由这个目的的一种手段，那么它的重要性在于它能够影响到权力是集中还是分散。直接提供经济自由的经济组织方式——竞争性资本主义——也能够促进政治自由，因为它把经济权力和政治权力拆散开来，从而使二者互相制衡。

对于政治自由和自由市场的关系，历史性的证据都是一边倒的。我从未听说过哪个例子讲到在任何时候、任何地方的社会中曾有过高度的政治自由但不同时利用类似自由市场的机制来组织绝大部分的经济活动。

因为我们生活在一个大体来说是自由的社会中，我们总是容易忘记，像政治自由这样一种事物，无论是从时间的长短来看，还是从地域的范围来看，其存在是多么有限：人类的典型状态是暴政、奴役和困苦。西方世界的 19 世纪和 20 世纪早期是总的历史发展趋势中的十分显著的例外情况。这个时期的政治自由显然是随着自由市场以及资本主义制度的发展而产生的。而在古希腊的黄金时代以及古罗马全盛时期的早期，政治自由的产生也是出于同样的原因。

历史似乎只是说明资本主义是政治自由的一个必然条件。显然它并不是充分条件。法西斯统治下的意大利和西班牙、过去七十年中不同时期的德国、“一战”和“二战”前的日本，以及“一战”前

的几十年中沙皇统治下的俄国——所有这些社会都说不上是政治自由的。然而，在上述每一个国家中，私人企业都是经济组织的主
14 导形式。很显然，同时拥有本质上是资本主义的经济安排和不自由的政治安排是完全可能的。

即使是这些社会中的公民们，也比现代极权国家比如俄国或纳粹德国的公民拥有多得多的自由——在现代极权国家中，经济极权是与政治极权结合在一起的。即使在沙皇统治下的俄国，对某些公民来说，在某些情况下，更换工作而无须政府当局的许可也是有可能的，因为资本主义以及私人财产的存在对国家的中央集权形成了一定的制约。

政治自由和经济自由之间的关系很复杂，并且完全不是单向度的。在 19 世纪早期，边沁和哲学激进派们（Philosophical Radicals）倾向于把政治自由看作经济自由的一个手段。他们坚信，民众受到加诸在他们身上的各种限制的阻碍，如果政治改革给予绝大多数人选举权，那么民众就会做出对他们自己有利的事情，即为自由投上一票。现在看来，我们不能说他们是错的。确实曾有大量的政治改革伴随有经济改革——这些经济改革的方向正是高度的自由放任。随着经济安排的这种变化而来的，是民众福祉的大幅度提高。

在 19 世纪的英国，边沁式的自由主义胜利了；但随后出现的则是不断增加的对经济事务的政府干预。不论是在英国还是其他地方，两次世界大战都大大加速了这种集体主义的倾向。福利——而不是自由——变成了民主国家中的主导旋律。哲学激进派之思想的传承者——戴雪（Dicey）、米塞斯、哈耶克和西蒙斯（这

只是其中的几位)——认识到了这当中隐含的对个人主义的威胁，他们担心持续地朝着对经济活动的集中化控制迈进，将会被证明是“通往奴役之路”，正如哈耶克为他对这一过程的深刻分析所命名的那样。他们所强调的是，经济自由是政治自由的一个手段。 15

“二战”结束以来的各种事件表明了经济自由与政治自由之间的又一种不同的关系。集体主义的经济计划确实妨碍了个人自由。不过，至少在一些国家当中，其结果不是对自由的压制，而是经济政策的逆转。而英国再一次为我们提供了最鲜明的例证。转折点大概就是“雇佣控制”法令(the “control of engagements” order):尽管工党对此颇存疑虑，它还是觉得有必要施行这一法令，以实现它的经济政策。如果该法令被全面、彻底地贯彻执行，它将会包括集中、统一分配每个个人的工作。这与个人自由的冲突实在太大，以至于它只在极少数个案中得到了实际的执行，而且在生效后没多久，该法令就被废止了。这一法令的废止带来了经济政策的一个决定性的转折，其标志是对集中“计划”和“规划”的依赖减少了，许多控制被废除，并且私人市场得到更多的重视。在大多数的民主国家中也出现了同样的政策转折。

对于这些政策转折最近似的解释就是集中计划在达成其声称的目标方面不怎么成功，或者说彻底失败了。然而，至少在一定程度上，这种失败本身可以被归因于集中计划所隐含的政治含义，以及人们对追随这一逻辑的不情愿，因为那意味着必将对备受珍视的私人权利横加践踏。这种转折很有可能只是这个世纪的集体主义趋势的一个暂时的中断。即便是这样，它也显示了政治自由和经济安排之间的紧密关系。

历史证据本身从来不能令人十分信服。也许自由的扩张与资
16 本主义制度和市场机制同时发生只是一个巧合。谁说它们之间一定有联系？经济自由和政治自由之间的逻辑联系是什么？在讨论这些问题时，我们首先要把市场看作自由的一个直接的组成部分，然后再考察市场安排和政治自由之间的间接关系。这样做会产生一个副产品，那就是描绘出一个自由社会中理想的经济安排的大致轮廓。

作为自由主义者，我们把个体的自由，或者说是家庭的自由，当作判断社会安排好坏的终极目标。在这个意义上，作为一种价值，自由与人们相互之间的关系有关；对一个孤岛上的鲁滨孙（没有他的仆人星期五）来说，自由没有任何意义。孤岛上的鲁滨孙受到“限制”，他只有有限的“权力”，并且他只有为数不多的一些选择，但是相对于我们的讨论来说，他没有任何自由的问题。类似地，在一个社会中，自由并不理会一个个体如何处理自己的自由；自由不是一种囊括一切的道德准则。其实，自由主义者的一个主要目标就是把道德伦理问题留给个体自己去解决。“真正”重要的道德伦理问题是个体在一个自由社会中所面临的那些问题——他应该拿自己的自由怎么办。因此，一个自由主义者所强调的实际上是两套价值：与人们之间的关系有关的价值，正是在这一背景下，自由主义者认为自由是头等重要的；与个体行使他的自由有关的价值，这是个人伦理道德与哲学的领域。

自由主义者认为人是不完美的生物。他认为，社会组织问题是一个阻止“坏人”作恶的负面问题，但同样地，社会组织问题也是一个促使“好人”能够做好事的问题；当然了，“坏人”和“好人”可能

是同样一群人，这取决于由谁来做出判断。

社会组织的基本问题是如何协调许许多多人的经济活动。即
使在相对落后的社会里，也必须有广泛的劳动分工和职能专业化，17
才能有效地利用可获得的资源。在较发达的社会里，为了充分利用现代科技所提供的机会，所需要的协调的规模更是大得多。确实，数以百万计的人们不断地为彼此提供每日三餐，更不用说每年的汽车。对信仰自由的人来说，挑战在于将这种广泛存在的相互依存与个体的自由协调统一起来。

从根本上说，要协调数以百万计的人们的经济活动，只有两种方法。一种是中央指挥，这涉及使用强制手段——军队手段和现代极权国家的手段。另一种是个体间自发的合作——市场手段。

通过自发的合作来进行协调之所以是可能的，是建立在这样一个基本的——但常常被否认的——观点之上：一次经济交易的双方都会因交易而获益，**只要交易是双方自愿的，并且双方都掌握充分的信息。**

因此，无须任何强迫手段，交易就可以产生协调。通过自愿交易组织起来的社会的一个现实模型就是**自由的私人企业交换经济**——我们一直把它叫作竞争性资本主义。

这种社会的最简单的形式由一些独立的家庭组成——或者说是一个众多鲁滨孙组成的集合。每个家庭使用其所控制的资源来生产产品和服务，并用它们来交换其他家庭所生产的产品和服务，而交换的条件是双方都觉得可以接受的。这样，一个家庭就能够通过为其他家庭生产产品和服务间接地来满足自己的需要，而不

用生产自己眼下要使用的产品，直接地满足自己的需要。采用这样一种间接途径的动机，当然是因为劳动分工和功能专业化所能带来的产品的增加。因为一个家庭总是可以选择直接为自己来生
18 产，所以，除非可以从中获益，否则它没必要进行交换。故而，只有交换双方都从中获益时，交换才会发生。这样，无须胁迫，就达成了合作。

如果终极的生产单位只是家庭，那么功能专业化和劳动分工也不会有什么前景。在现代社会，我们已经走得更远。我们引入了企业，企业既是服务提供者，又是产品购买者，它们成为个体之间的媒介。类似地，如果我们不得不继续依赖物物交换，那么，功能专业化和劳动分工也不会有什么前景。因此，货币被引入了，作为一种手段，它促进了交换，并使得购买和出售的行为被分离成两个部分。

尽管在我们的实际经济中，企业和货币的作用十分重要，尽管它们引起了许许多多复杂的问题，但是，在不包含企业或者货币的简单的交换经济中，已经完全展现了能够引致合作的市场方法的核心特点。在这一简单模型中，同在复杂的企业和货币交换经济中一样，合作都是完全个体化和自愿的，前提条件是：(1)企业是私人的，以便最终的订约方总是个体；(2)个体真正可以自由地进行或不进行某一特定交换，以便每一个交易都是完全自愿的。

要列出这些条件的大致轮廓很简单，但是要细述这些条件，或者明确说明什么样的制度安排最有助于维持这些条件，就困难得多了。事实上，大多数的专业经济文献关注的正是这些问题。最基本的必要条件是法律和秩序能够得到维持，以便防止某一个体

胁迫其他人，并强制执行那些自愿达成的协议，通过这种方式，使“私有”真正名副其实。除此之外，也许最棘手的问题源自垄断（因 19
为垄断使个体在具体交易中没有选择余地，会阻碍有效的自由）和“邻里效应”（即对第三方产生的影响，并且我们无法针对这些影响索取费用或提供补偿）。在下面的章节，会更详细地讨论这些问题。

只要交换中的有效自由能够得到维持，那么，通过市场对经济行为进行组织的核心特征就表现为：就一个人的绝大多数活动而言，别人对他的干涉都被有效地阻止了。消费者可以不受某个卖家的胁迫，因为他可以和市场上存在的其他卖家进行交易。而卖家也可以不受某个消费者的胁迫，因为他可以将东西卖给其他的消费者。雇员可以不受某个雇主的胁迫，因为他可以为其他的雇主工作，等等。而这一切都是市场客观地做到的，无须集中的中央权威。

然而，对自由经济的反对意见的一个主要来源恰恰就是它如此成功地完成这一任务。它给予大众他们想要的东西，而不是一个特殊集团认为大众应该想要的东西。反对自由市场的大多数论点所隐含的，都是对自由本身缺乏信心。

当然，自由市场的存在并不会消除对政府的需要。相反地，政府是至关重要的，一方面是作为一个公共讨论平台来决定“游戏规则”，另一方面是作为裁判来解读和强制执行已经定下的规则。而市场所做的，是大幅度减少必须通过政治手段来决定的议题的范围，从而将政府直接参与游戏的程度最小化。通过政治渠道行动的典型特征就是它趋向于大量地要求民众的服从，或强迫民众服从。相对地，市场的一大优点，就是它允许广泛的多样性。用政治术语来说，市场是一个比例代表制。可以说，每个人都为他想要的那种领带颜色投票，并且得其所愿；他不需要观察大多数人想要什
20 么颜色，然后——如果他是少数派——服从多数人。

当我们说市场给予人们经济自由时，我们所指的就是市场的这一特征。但是这一特征还有更多隐含的含义，远远超出狭隘的经济意义。政治自由意味着一个人不被其他人所胁迫。对自由的最根本的威胁是胁迫他人的权力，不论它是在君主手中，还是在独裁者、寡头或者暂时的多数派手中。要维护自由，就要求最大程度地消除这样的权力集中，并将那些不能消除的权力分散、分配——一种制约和平衡的机制。市场能够使经济活动的组织不受政治权威的控制，从而消除了根源于此的胁迫性权力。市场使经济力量成为对政治权力的一种制约，而不是推波助澜。

经济权力可以被非常广泛地分散开来。没有一种守恒定律迫使经济力量的新核心的增长必须以牺牲已有的核心为代价。相对地，使政治权力去中心化，就要困难得多。可以有众多的小的独立政府存在。但是，在一个大的政府中维持众多实力相仿的小型政治权力中心，比起在一个大的经济体中维持众多的经济力量核心，困难要大得多。在一个大的经济体中可以有许许多多的百万富翁。但是能够有不止一个真正杰出的领袖、国人的精力和热情能够集中在不止一个人身上吗？如果中央政府取得权力，那么很有可能会以牺牲地方政府为代价。能够被分配的政治权力，似乎有一个固定的总额度。因此，如果把经济权力和政治权力联结起来，那么集中看起来似乎是不可避免的。另外，如果掌握经济权力和

掌握政治权力的是不同的人，则经济权力能够成为对政治权力的 21
一种制约和抵制。

也许用实例才能够最好地阐发这一抽象的论述。我们将首先考虑一个假想的例子，以便阐明其中的原理，然后再研究一些最近发生的真实例子，它们将说明市场是如何运作以维系政治自由的。

自由社会的一大特征，当然就是个体有这样的自由：公开提倡和宣传对社会结构的激进变革——只要这种提倡仅限于劝说，而不诉诸武力或其他形式的胁迫。资本主义社会政治自由的标志之一，就是人们能够公开地提倡和致力于社会主义[*]。同样地，社会主义社会的政治自由应该意味着，人们能够自由地提倡把资本主义引进来。在社会主义社会中，提倡资本主义的自由怎样才能得以保留、受到保护呢？

人们要想提倡任何事物，首先他们必须能够维持生计。在一个社会主义社会里，光这一点就会很成问题，因为所有的工作职位都是由政治当局直接控制的。要让社会主义政府允许其雇员提倡与官方理念完全相反的政策，就需要一种克己之举——这是相当困难的，“二战”后美国所经历的联邦雇员“安全”问题突出证明了这一点。

但是让我们暂且假设能够做到这种克己之举。对资本主义的提倡要想有效果，其倡导者必须能够为这一目的筹得资金——组织公开集会，印制宣传册，花钱上广播，出版报纸和杂志，等等。他

---

* 这里所说的“社会主义”是指 20 世纪上半叶在西方世界中兴起的非自由资本主义的社会思潮、社会运动及政策制定倾向。——译者

们能够以何种方式筹集到资金呢？在社会主义社会中很可能有一些人有非常高的收入，甚至可能有政府债券等形式的大量的资本，
22 但是这些人必然是政府高级官员。或许可以想象一名低级的社会主义官员尽管公开提倡资本主义，也还是能够保住工作。但是若说社会主义最顶层的人物会资助这些“颠覆性的”活动，简直难以想象。

筹集资金的唯一办法，就是从大量的低级官员那里分别筹集到小笔的金额。但这并不是真正的解决之道。若要获取这些资金，必须先说服许多人，然而我们的全部问题就在于发起一场说服人的运动，并为此筹集资金。资本主义社会中的激进运动向来不是以这种方式筹得资金的。支持运动的一般都是少数被说服的富有者——比如像弗里德里克·范德比尔特·菲尔德（Frederick Vanderbilt Field）、安妮塔·麦考密克·布莱恩（Anita McCormick Blaine），或者科利斯·拉蒙特（Corliss Lamont）这样的人，这是举几个现在鼎鼎有名的人物为例，若再往前追溯，则是像弗里德里希·恩格斯（Friedrich Engels）这样的人。这是财富的不均等在维护政治自由方面很少被注意到的一个作用——庇佑者的作用。

在资本主义社会中，只需要说服几个富有者，就足以得到资金推动任何观念，无论它多么怪异；而这样的富有者有很多，他们构成了许多独立的支撑点。而且，实际上，甚至无须说服有现成资金的富人或者金融机构，使其信服所要宣传的观点有多么合理。只需说服他们，使其相信这样的宣传能够获得经济上的成功，报纸、杂志、图书或其他的项目能够有利可图就行了。比如，一个想要在市场中胜出的出版人，绝对不能只出版他个人认同的那些文字；他

的试金石必须是相关市场足够大、他的投资能获得可观回报的可能性。

通过这种方法，市场打破了恶性循环，使得最终可能无须事先说服他人，就从许多人那里，通过一小笔一小笔地获取资金为这样的项目筹到款项。在社会主义社会中没有这样的可能性；有的只是万能的政府。

让我们异想天开一下，假设社会主义政府意识到了这个问题， 23
同时假设政府由希望维护自由的人组成。这样的政府能够提供资金吗？也许能，但是很难想象怎样才能办到。政府可以成立一个机构专门为颠覆性的宣传提供补贴。但是该机构如何选择要支持的对象呢？如果它对所有提出要求的人都不吝给予，那么很快它就会发现手头的资金不够用，因为社会主义并不能废止这样一个基本经济规律：足够高的价格会带来大量的供给。让提倡激进观点的回报足够丰厚，那么就会出现无限多的提倡者供给。

而且，拥有提倡非主流思想的自由，并不是非得要求这样的提倡没有成本。相反地，如果对激进变革的提倡没有成本，那么，没有社会能够稳定地存在——更不用说提倡还得到补贴的情形。人们需要为提倡他们深信不疑的观点做出某些牺牲，这是十分正常的。实际上，只为那些愿意克己的人们保留自由，是很重要的，因为如果不这样，自由就会沦落为一种许可和不负责任。关键的是，提倡非主流思想的成本应该在可忍受的范围内，不能使人望而生畏。

但是我们还没有讨论完。在一个有自由市场的社会中，拥有资金就足够了。纸张供应商愿意把纸张卖给《工人日报》(*Daily*

Worker)，正如他们愿意把纸张卖给《华尔街日报》(*Wall Street Journal*)一样。而我们所假想的资本主义的支持者则必须说服政府的造纸厂卖纸张给他，说服政府的印刷厂印刷他的宣传册，说服政府的邮局将宣传册发行给民众，说服政府的机构租给他一个礼堂用于演讲，等等。

也许存在某种方法，可以在社会主义社会中克服这些困难并维护自由。我们不能说这是完全不可能的。然而，在建立各种有效的制度以便维护异议的可能性方面，存在十分现实的困难——
24 这一点很清楚。就我所知，在那些既赞同社会主义又赞同自由的人当中，没有一个人真正地直面这个问题，或者哪怕认真地着手发展能够在社会主义中准予自由的制度安排。与此形成对照，可以很清楚地看到自由市场的资本主义社会是怎样促进自由的。

这些抽象原则的一个引人注意的实例，是温斯顿·丘吉尔(Winston Churchill)的经历。从1933年到第二次世界大战爆发的这段时间，丘吉尔不被允许在英国广播电台讲话，因为英国广播电台是政府垄断的，由英国广播公司(BBC)管理。这是国家的一位重要公民、议会议员、前内阁成员——他迫切地试图用所有可能的手段，劝服他的国人们采取行动、抵挡来自希特勒(Hitler)领导的德国的威胁。他不被允许通过电台向英国民众讲话，因为BBC是政府垄断的，而丘吉尔的立场太“有争议性”。

另一个引人注意的例子与“黑名单的淡出”有关，其报道见于1959年1月26日的《时代周刊》。其中写道：

> 奥斯卡颁奖仪式是好莱坞之尊严的顶峰，但是两年前，这

一尊严受到了打击。其时,一位叫罗伯特·里奇(Robert Rich)的人因其作品《勇敢的人》(*The Brave One*)被宣布获得了最佳编剧奖,但他没有站出来领奖。罗伯特·里奇是一个笔名,涵盖了大约 150 名作家……自从 1947 年以来,他们被怀疑是共产主义者或其同路人,被电影产业列入黑名单。当时的情况尤其尴尬,因为美国电影艺术与科学学院禁止任何共产主义者或者支持宪法第五修正案的人角逐奥斯卡。在上个星期,关于共产主义者的规则和关于里奇身份的谜团都突然重新改写了。

原来里奇就是达尔顿·特朗勃(Dalton Trumbo)[《无语问苍天》(*Johnny Got His Gun*)的导演],他是最初拒绝在
1947 年关于电影产业中之共产主义的听证会上作证的"好 25
莱坞十人"作家之一。制片人弗兰克·金(Frank King)——他曾经坚定地说罗伯特·里奇是"一位留着胡子的西班牙小伙子"——说道:"我们对股东负有责任,必须去买我们能买到的最好的剧本。特朗勃给我们拿来了《勇敢的人》,而我们买了这个剧本。"……

实际上,这是好莱坞黑名单的正式终结。对于被抵制的作家来说,其实非正式的终结早就来临了。据说,现在好莱坞的电影中,至少有 15%是由黑名单上榜者写的。制片人金说:"好莱坞的鬼比福乐墓园(Forest Lawn)里还多。这里的每个公司都使用过黑名单上榜者的作品。我们只不过第一个承认了所有人都知道的事情。"

人们可能极其坚决、果断地反对共产主义，但是，与此同时，他们又相信，在一个自由社会中，因为一个人信仰共产主义或者试图宣扬共产主义，就阻止他与别人达成双方都乐见的自愿的安排，这是不可容忍的。一个人的自由当中，包含他宣扬共产主义的自由。当然，自由也包括，在这种情形下，其他人有不和他打交道的自由。好莱坞的黑名单是摧毁自由的非自由之举，因为它是一种使用胁迫手段阻止自愿交换的串谋性安排。它之所以行不通，恰恰是因为市场使人们维持黑名单的成本过于高昂。商业所强调的重点，以及经营企业的人们有尽可能多挣钱的驱动力这一事实，都保护了那些被列入黑名单的个体的自由，方法就是向他们提供了一种可供选择的就业形式，并向别人提供了雇用他们的驱动力。

倘若好莱坞和电影产业是政府的企业，又或者像在英国一样，
26 关键问题在于得到英国广播公司的雇用，那么就很难相信“好莱坞十人”或者类似的人能找到工作。同样地，很难相信，在那种情形下，个人主义和私人企业的坚决拥护者——或者说坚决拥护现有理念以外的任何其他观点的人——能找到工作。

关于市场在维护政治自由方面所起的作用，我们所经历的麦卡锡主义展示了另一个实例。抛开所涉及的实质性问题以及所做指控的真实性不论，对个体，尤其是政府雇员而言，有什么能够保护他们免遭不负责任的控告、阻止对那些透露相关情况会有悖他们良心的事情的调查？如果除了政府的雇用之外别无选择余地，那么他们诉诸宪法第五修正案只会是一个空洞的嘲讽。

能给予他们根本性保护的，是私人市场经济的存在，在这里他们能够找到谋生之道。不过，这种保护不是绝对的。不论是对是

错，很多潜在的私人雇主很不愿意雇用那些受到过公开指责的人。可能的情况是：比起施加在提倡非主流思想的人们身上的一般成本，在此事的许多当事人身上所施加的成本，远远没有足够充分的理由。但是，重点在于这些成本是有限的，不会令人望而生畏——如果政府雇用是唯一的可能性，成本才会令人望而却步。

注意到这一点是很有趣的：在此事的当事人中，相当多的人似乎转而进入了经济中竞争性最强的领域——小企业、贸易、农业——在这些领域中，市场最为接近理想的自由市场。买面包的人不会知道，用于做面包的小麦是谁种出来的，是共产主义者还是共和党人，是立宪主义者还是法西斯主义者，或者是黑人还是白人。这说明了一个客观的市场如何将经济活动与政治观点分离开
来，如何保护人们在其经济活动中不会因为与其生产能力无关的 27
理由——无论这些理由是基于他们的观点还是基于他们的肤色——而受到歧视。

正如这个例子所表明的，在我们的社会中，正是对于那些少数派群体来说——最显而易见的包括黑人、犹太人、在外国出生的人——维护和加强竞争性资本主义与他们最为利益攸关，因为他们最容易成为多数派怀疑和仇恨的对象。然而，矛盾的是，自由市场的敌人恰恰有相当大的比例是从这些群体中招募到的。他们没有认识到，市场的存在保护了他们免受国人态度的影响，相反，他们错误地将残余的歧视归咎于市场。

第 2 章　政府在自由社会中的作用

29　针对极权主义社会的一个常见的反对意见是，极权主义社会认为目的可以证明手段的正当性。严格从字面意义来说，这个反对意见显然是不合乎逻辑的。如果目的不能证明手段的正当性，还有什么能证明？但是这个简易的回答并不能驳倒反对意见；它只说明这个反对意见遣词造句不当。若否认目的可以证明手段的正当性，其实就是间接地断言，所讨论的目的并不是终极目的，终极目的其实是使用合理的手段。任何只能通过恶劣手段达成的目的，必须让步于更为基本的目的，即使用合情合理的手段——不论这种让步是否合意。

对自由主义者来说，恰当的手段应该是自由的讨论和自愿的合作，这意味着任何形式的胁迫都是不恰当的。理想的状态是，以自由、全面的讨论为基础，在有责任感的个体之间达成全体一致。前一章我们强调了自由的目标，这是它的另一种表述方式。

从这个角度看，正如我们已经注意到的那样，市场的作用在于，它能够促成不强制顺从的全体一致（unanimity without conformity）；它是一种有效的比例代表制。另一方面，对于通过明确的政治渠道采取的行动而言，其典型特征是它趋向于要求或者强制实现相当程度的顺从。一般的议题往往都要以“是”或“否”来决定；至多可以准备数量相当有限的几个备选方案。即使运用比例代表所具有的明确而具体的政治形式，也无法改变这个结论。确实能够得到代表的群体的数量是极其有限的，尤其与市场中的比例代表相比较，就更是这样。更重要的是，最终得出的结果通常必须是对所有群体都能适用的法律，而不是针对每个得到代表的“一方”都制定单独的立法规定——这样的事实意味着，比例代表所具有的政治形式，不仅远未促成不强制顺从的全体一致，反而趋向于无效和分裂。因此，它运作起来，就会毁掉任何一致意见——要求强制顺 30
从的全体一致正是以这种一致意见为基础的。

很显然，对于有一些事情来说，比例代表是不可能的。我想要某个额度的国防开支，而你想要另一个不同额度的国防开支，这是行不通的。关于这样的不可分割的事情，我们可以进行讨论、辩论和投票。不过，一旦决定了，我们就必须严格遵守。正是由于存在这种不可分割的事情——保护个体和国家不受胁迫显然是其中最基本的事情——才使我们没有完完全全依赖市场中的个体行为。如果我们想要将我们的一部分资源用于这些不可分割的事物，那么我们必须使用政治渠道来协调各种分歧。

使用政治渠道是不可避免的，但它容易损害社会凝聚力，这种凝聚力对于社会稳定是极其重要的。如果只需要在范围有限的议题上达成一致并联合采取行动，而且人们原本对这些议题的观点就大致相同，则损害的程度是最小的。每一次扩张议题的范围、要求就议题达成明确的一致意见，都会使维系整个社会的微妙纽带受到进一步损害。万一真的触及人们十分关切但意见纷纭的议题，那就很有可能使社会陷于混乱。根本性的分歧，就其基本价值理念来说，绝少能够用投票箱得到解决；最终，只有冲突能够决定——而不是解决——这些分歧。历史上的宗教战争和内战就是这一观点的血淋淋的证明。

因为市场能够使它所涵盖的所有活动均不需要强制顺从，所以，市场的广泛运用能够降低对社会结构的损害。市场所涵盖的活动的范围越广泛，需要做出明确政治决定从而必须就其达成一致意见的议题就越少。相反地，需要达成一致意见的议题越少，在维系一个自由社会时获得一致同意的可能性就越大。

31 当然，全体一致是一种理想状态。在实践中，为每个议题争取绝对的全体一致所要求的时间和精力，我们是负担不起的。我们必须退而求其次。因此，作为权宜之计，我们只好接受这种或那种形式的多数决定原则。多数决定原则是一种权宜之计，它本身并不是一个基本的准则——这一点可以通过如下事实很清楚地体现出来：我们是否愿意诉诸多数决定原则以及我们所要求的多数究竟是多大比例，这些都取决于相关议题的严肃性。如果事情不怎么重要，而且少数派对自己的意见被否决也并不十分在乎，那么简单的相对多数就足够了。另一方面，如果少数派对所争论的议题非常在意，那么简单的相对多数肯定是不行的。如果让类似言论自由这样的议题通过简单的相对多数的办法来决定，我们当中没有几个人会愿意。我们的法制结构中就充满了这样的区分标准，这些区分标准把各种议题分门别类，因为不同类型的议题会要求不同类型的多数。最极端的是宪法中所包含的议题。这是一些非常重要的原则，我们万分不愿意做出让步、使用权宜之计。在最初接受这些原则的时候，达成了根本性的一致意见，如果要改变它们，那么我们也要求必须达成根本性的一致意见才行。

我们的宪法中包含这样的自我约束的法规:在涉及特定类型的议题时,应该避免使用多数决定原则;而在其他国家成文的或不成文的宪法中,也有类似的法规。同时,在这些宪法或与之作用类似的法律中,也都存在禁止对个体进行胁迫的具体条款。所有这些其实都应该被看作通过自由的讨论而达成的,并且反映了关于手段问题的根本性的全体一致。

现在,我要转而考察,哪些领域根本不能通过市场来应对,或者说通过市场来应对会产生极高的成本,乃至运用政治渠道可能会更可取一些。这些考察会比前面更具体一些,但仍然是相当宽泛的。

作为规则制定者和裁判的政府 32

把人们的日常活动与习俗、法律方面的总体性框架(日常活动正是在这样的框架下发生)区别开来,是很重要的。日常活动就像是一项比赛的参与者在进行比赛时候的行为;而框架则好比他们所进行的比赛的规则。正如一个好的比赛要求选手既接受比赛规则,又接受解读和执行规则的裁判,同样地,一个好的社会也要求其成员必须就以下问题达成一致:规制成员之间关系的一般前提、在对一般前提的不同解读之间做出裁断的某种手段,以及强制人们遵守公认规则的某种方法。如同在比赛中一样,在社会中,大多数的一般前提都是风俗习惯的不经意的结果,被不假思索地接受下来。我们至多只会考虑对其进行微小的改变,尽管一系列微小的改变造成的累积性效果,也可能急剧改变比赛的性质或者社会的性质。还有，在比赛中以及在社会中，没有任何一套规则能够通行无阻——除非大多数的参与者在大多数的时间里无须任何外部约束就会遵守规则，也就是说，除非有一种潜在的、广泛的社会性一致意见。但是我们不能仅仅依赖风俗习惯或这种一致意见来解读规则和强制执行规则；我们需要一个裁判。而这些就是政府在一个自由社会中的基本作用：提供一种方法，以便我们可以通过它来修改规则；调解我们就规则之含义产生的分歧；强制那些为数不多的、不如此进行强制就不会按比赛规则行事的人遵守规则。

之所以会在这些方面出现对政府的需要，是因为绝对的自由是不可能的。无论无政府作为一门哲学多么有吸引力，在一个由不完美的人组成的世界里，它是行不通的。

人们的自由相互之间会发生冲突；当发生冲突的时候，必须对一个人的自由进行限制，以便维护另一个人的自由——正如一位
33 最高法院大法官曾经说过的，“我挥动自己拳头的自由，必须被限制在你的下巴以外的地方”。

要想决定什么样的政府活动才算得上恰当，主要的难题就是如何解决不同个体的自由之间的这种冲突。在有些情况下，答案很简单。就下面这个主张达成近似的全体一致不会有什么困难：一个人杀害他的邻居的自由必须被舍弃，以便维护该邻居生存的自由。在其他情况下，则难以做出回答。在经济领域，有一个重要的问题，它源于联合的自由与竞争的自由二者之间的冲突。在“自由”这个词修饰“企业”的时候，应该赋予它什么含义呢？在美国，“自由”被理解为，任何人都可以自由地成立一个企业，也就是说，现存的企业没有把竞争者排除在外的自由——除非它能以同样的

价格销售更好的产品，或者以更低的价格销售同样的产品。相对地，按照欧洲大陆的传统，其含义一般是，企业有按其意愿行事的自由，包括操纵价格、划分市场，以及采取能将潜在的竞争者排除在外的其他手段。在这一领域，也许最为困难的具体问题要数与劳动者的联合有关的问题，在这一点上，联合的自由与竞争的自由之间的难题尤为突出。

还有一个更加基本的经济领域——在这个领域，做出回答很困难，但又很重要——那就是对产权的定义。产权的概念已经历了几个世纪的发展，并且被包含在我们的法典当中；它已经变成我们自身的一部分，乃至我们常常把它视为理所当然，根本意识不到“究竟什么构成财产”以及“拥有财产赋予人什么权利”其实是非常复杂的社会创造物，而非不证自明的命题。比方说，我拥有对土地的所有权，并且我有按我的意愿使用自己财产的自由，但是我能因
此就拒绝别人驾驶飞机从我土地的上空飞过吗？还是他使用自己 34
飞机的权利更优先？又或者这取决于他飞得有多高或制造了多大的噪音？自愿交换是否意味着他必须为在我土地上空飞过的特权而付钱给我？还是我必须付钱给他，让他不要从土地上飞过？只要提及专利费、版权、专利，公司的股票份额，河岸权，等等，也许就可以突出强调被普遍接受的社会准则在财产的定义方面所起的作用。它还可以表明，在很多情况下，存在一个关于财产的十分明确而又被普遍接受的定义，比起定义本身到底是什么，也许更重要得多。

另外还有一个经济领域向我们提出一些尤其困难的问题，那就是货币体系。政府对货币体系负有责任，这一点早已得到大家

的认可。在宪法的条文中，这一点有明确的规定，国会被赋予“铸造货币、厘定本国货币和外币”的权力。与这一领域有关的政府行为得到人们广泛一致的接受，也许还没有其他哪个经济领域的情况是如此。对政府责任的这种接受是习惯性的且现在几乎是不假思索的了，从而使我们更有必要透彻理解政府责任存在的理由，因为盲目接受会增加这样的危险性：政府的范围会从对自由社会来说恰当的活动扩张到那些不恰当的活动，从提供货币框架扩张到决定各种资源在个体之间如何分配。我们会在第 3 章中详细讨论这个问题。

概括地说，通过自愿交换来组织经济活动的假设前提是，我们已经通过政府为下列事项准备就绪：维持法律和秩序并防止个体胁迫他人，强制执行自愿达成的协议，对产权的内涵进行定义，对产权进行解读并强制执行，以及提供一个货币框架。

出于技术性垄断和邻里效应的
35 理由而采取政府行动

以上所考虑的政府的作用，是政府要做一些市场自己不能做到的事情，即决定比赛的规则、做出裁判并强制执行。我们还有可能想通过政府做这样一些事情：通过市场也能做到它们，但是由于技术条件或其他类似条件的制约，这样做会比较困难。归结起来，其实就是这样一些情况：严格的自愿交换十分昂贵，或者根本就不大可能。这些情况可以大致分为两类：垄断和类似的市场缺陷，以及邻里效应。

只有在几乎不相上下的选择余地存在的时候，交换才是真正自愿的。垄断意味着没有选择余地，因此会阻碍有效的交换自由。在实践中，垄断常常是——虽然并不总是——因为政府的支持或者个体之间的串谋性协议而出现的，关于这些方面，问题在于必须要避免政府助长垄断，或者必须促使我们的反垄断法中包含的法规得到有效的强制执行。然而，垄断的出现也可能是因为，只存在一个生产商或者企业从技术的角度讲是有效率的。我个人的看法是，这样的情形比人们所认为的更有限，但它们毫无疑问是存在的。也许可以举一个简单的例子，比如在一个社区中电话服务的供给。我将把这些情形称为“技术性”垄断。

当技术条件使得垄断成为各种市场力量竞争的自然结果，那么似乎只有三种可供选择的方案：私人垄断、公共垄断以及公共管制。三者都有害，我们必须取其轻者。亨利·西蒙斯在考察美国
对垄断的公共管制时，发现观察到的结果令人十分不快，因此他做 36
出结论，公共垄断将是较轻之害。瓦尔特·欧根(Walter Eucken)这位著名的德国自由主义者在考察德国铁路的公共垄断时，发现观察到的结果令人十分不快，因此他做出结论，公共管制将是较轻之害。在研习了他们的成果之后，我很不情愿地得出这样的结论：如果说可以忍受的话，可能私人垄断才是三者中最轻之害。

假如说社会是静态的，因而导致技术性垄断的条件一定会续存下去，那么我将会对这一解决办法毫无信心。然而，在一个迅速变化的社会里，促成技术性垄断的条件经常发生变化，我怀疑不论是公共管制还是公共垄断，它们对这些变化的反应可能都会比私人垄断更迟钝，并且比私人垄断更缺乏淘汰的能力。

美国的铁路是一个极好的例子。在19世纪，由于技术原因，铁路的垄断有很大一部分也许是不可避免的。这曾经是州际商务委员会(ICC)存在的理由。但是，情况已经发生了变化。公路运输和航空运输的出现已经将铁路所具有的垄断因素减低到可以忽略不计的程度。但是我们仍然没有淘汰ICC。相反，ICC这个原本保护公众不受铁路剥削的机构，已经变成了一个保护铁路不受来自货车和其他运输手段的竞争的机构，最近它甚至开始保护现有的货车公司不受新进入者的竞争。类似地，在英国，当铁路被国有化时，货车运输最初被纳入了国家垄断。在美国，如果铁路从来没有被纳入管制，那么几乎可以肯定地说，现在的运输，包括铁路在内，肯定会是一个高度竞争的行业，只有很少的或者根本没有残余的垄断因素。

但是，我们不可能脱离事实状况而在私人垄断、公共垄断和公
共管制这三害之间做出一劳永逸的选择。如果技术性垄断关系到
37 一种十分重要的服务或商品，或者其垄断力量相当强大，那么私人
的、不受管制的垄断的哪怕是短期的影响，也有可能是令人无法忍
受的，这时公共管制或者公共所有也许都会是较轻之害。

有时候，技术性垄断也许能够证明实际存在的公共垄断是正当的。但是，如果公共垄断是通过宣布别人参与竞争是违法的而实现的，那么技术性垄断本身并不能证明公共垄断的正当性。例如，根本没有办法证明我们目前对邮政的公共垄断的正当性。也许有人会说，运送邮件是一种技术性垄断，而政府垄断是最轻之害。按照这样的思路，也许可以证明政府办邮局的正当性，但是不能证明现有法律的正当性——法律规定其他人运送邮件是非法

的。如果递送邮件是技术性垄断，那么在和政府竞争的过程中，将没有人能够取胜。如果递送邮件不是技术性垄断，那就不存在任何理由让政府从事邮政。唯一的检验办法，就是让其他人可以自由进入。

我们这里存在邮政垄断的历史原因是，驿马快信（Pony Express）穿梭全国运送邮件做得十分不错，乃至当政府引入横跨整个大陆的业务时，没办法有效地与其进行竞争，所以赔钱了。结果是出台了一项法规，规定任何其他人运送邮件都是非法的。因此今天的亚当斯快运公司（Adams Express Company）是一个投资信托，而不是一个运作中的公司。我猜想，如果邮件运送业务对所有人都开放的话，那么将会有大量的企业进入，而这一老掉牙的行业会在短时间内彻底改头换面。

当个体的行动对其他个体产生影响，但因此而对其他个体收取费用或给予补偿不大可行时，会出现另外一大类情况；在这些情况下，严格的自愿交换是不可能的。这就是“邻里效应”问题。一个明显的例子是一条河水的污染。污染了河水的人事实上在迫使其他人以好水换坏水。如果开出高价，其他人也许愿意进行交换。38
但是，如果他们各自单独行动，他们不大可能避开这样的交换或者争取到合适的补偿。

一个不那么明显的例子是公路的供给。在这种情形下，从技术上来讲，有可能确定哪些个体使用了公路并对其收费，从而有可能由私人来运营。然而，对于通用的普通公路来说，会牵扯许多的入口和出口，故而，如果根据每个人获得的服务来收取费用，那么收费的成本将极其高昂，因为必须在所有的入口处都建立收费亭或类似的设施。燃油税是一个更为廉价的向个体收费的手段，并且收费大致上可以与其对公路的使用情况相吻合。但是，用这种方法很难将一笔特定的付款与一次特定的使用准确地对应起来。因此，除非有广泛的私人垄断，否则几乎无法令私人企业提供这种服务并收取费用。

这些考量不适用于交通流量大、进入有限制的长途收费公路。对这些公路来说，收费的成本比较低，并且在很多情况下，现在也能够收回这种收费成本；除了走长途收费公路，往往还存在非常多的其他选择，因此没有特别严重的垄断问题。所以，存在充分的理由让长途收费公路私人所有、私人运营。如果实现了私人所有和私人运营，运营公路的企业应该获得因在其公路上行驶而缴纳的燃油税。

公园是一个有趣的例子，因为它们能展示以下两类情况之间的区别：一类情况的正当性能够由邻里效应来证明，另一类则不能；公园的例子十分有趣，还因为几乎所有人的第一反应，都是将国家公园的管理看作政府显而易见的一个合法功能。但是，事实上，邻里效应也许可以证明一个城市公园的正当性，但却不能证明国家公园（比如黄石国家公园或大峡谷国家公园）的正当性。这二
39 者有什么本质区别呢？对于一座城市公园来说，确认哪些人因公园而受益，并就此对他们收费，是极其困难的。如果公园位于城市中间，则它四周的房子都会因其开放的空间而受益，同时，从公园当中或从公园边上走过的人们也会受益。在公园门口安排专人收费，或者对朝向公园的住户以窗子为单位按年收费，将会既昂贵且困难。然而，像黄石这样的国家公园，却没有几个入口，而且大多

数来国家公园的人都会待上相当长的一段时间，所以在公园门口建立收费点、收取入园费是完全可行的。事实上现在已经这样做了，虽然收费所得还不能抵消全部成本。如果公众对这类活动十分需要，乃至愿意为此付费，那么私人企业会有充分的动机提供这样的公园。当然，现在已经存在很多这种性质的私人企业。我自己想不出有什么样的邻里效应或者重大的垄断影响能够证明政府在这一领域的活动的正当性。

我归类在邻里效应的标题下讨论的事情，经常被用来为几乎所有可以想象的政府干预做辩护。但是，在很多情况下，为干预的合理性做的这种辩护只是一种诡辩，而不是对邻里效应这一概念合乎情理的运用。邻里效应可以从两方面起作用。它可以是限制政府活动的理由，也可以是扩大政府活动的理由。邻里效应会阻碍自愿交换，因为确定对第三方的影响并度量影响的大小是非常困难的；但是，在政府活动中，也同样存在这种困难。要想知道什么时候邻里效应足够大，大到足以证明为克服它而花费的特殊成本的正当性，殊为不易；用适当的方式对这些成本进行分摊，就更加困难。因此，当政府从事于克服邻里效应的活动时，在某种程度上，它会带来一些额外的邻里效应，原因是它可能没有合理地对个
体进行收费或给予补偿。到底是原来的邻里效应更严重，还是新 40
产生的更严重，这一点只能根据每个单独案例的事实做出判断——并且只能做出大致的判断。此外，运用政府来克服邻里效应，这本身就会产生一种十分巨大的邻里效应，这种邻里效应与需要采取政府行动的具体情形无关。每一项政府干预行动都会直接限制个体自由的范围，并且间接地威胁到对自由的维护，其原因我

们在第 1 章中已经详细讨论过。

我们的原则没有提供确定不移的分界线用以判断如下问题：在利用政府来共同完成我们通过严格的自愿交换很难单独完成或根本无法单独做到的事情这一问题上，到底走多远才算适宜。对于任何一个进行干预的具体提议，我们都必须编制一个像资产负债表一样的单子，分别罗列出它的利与弊。我们的原则会告诉我们，哪些项目应该写在一边而哪些该写在另一边，同时，这些原则也为我们判断不同项目的重要性提供一些依据。特别地，对任何政府干预的提议，我们总是要把此种干预的邻里效应——对自由的威胁——写在负债一栏里，并对该效应给予足够的重视。至于给予它多大程度的重视，以及给予其他项目多大程度的重视，则取决于具体的情况。例如，如果现有的政府干预十分少，那么对于额外的政府干预产生的负面影响，我们的重视程度会低一些。也正是由于这一重要原因，早期的自由主义者，比如亨利·西蒙斯，愿意让政府从事一些活动——按照今天的标准，他那个年代的政府是很小的；但今天的自由主义者则不会接受政府从事同样的这些活动——现在政府早已膨胀过度了。

出于家长式管理的理由而采取的政府行动

只有对可以自负责任的个体(responsible individuals)，自由才是一个站得住脚的目标。我们不相信精神病患者和儿童应该有自由。我们必须在可以自负责任的个体和其他个体之间划出一条
41 界限，这是不可避免的；然而，这意味着，在我们终极的自由目标

中，有一个本质上的含混不清之处。对于我们认为不能自负责任的那些人来说，家长式的管理是不可避免的。

也许最清楚的例子是精神病患者。我们既不愿意给予他们自由，也不愿意击毙他们。如果我们能依靠个体的自愿行为来为精神病患者提供住宿和照顾，那就太好了。但是我认为我们不能排除此种慈善的行为是不够充分的这一可能性，哪怕只是因为以下事实所涉及的邻里效应——如果其他人致力于照顾精神不正常的人，那么我会从中获益。由于这一点，我们可能愿意让政府来安排对他们的照料。

儿童的例子要更加困难一些。在我们的社会中，终极的运作单位是家庭，而不是个体。不过，我们接受家庭作为单位，很大程度上是基于方便的考虑，而不是基于原则。我们相信，通常情况下，家长最能够保护他们的孩子，并做出各种准备，使孩子成长为可以自负责任、适合享受自由的个体。但是我们不相信家长有随心所欲对待其他人的自由。儿童是正在发育当中的可以自负责任的个体，一个真正信奉自由的人相信，我们必须保护儿童的终极权利。

用一种不同的、看起来可能有些冷漠的方式来说，儿童既是消费品，同时又是潜在的可以自负责任的社会成员。个体有按照其意愿使用自己的经济资源的自由，这当中包括了用这些资源来获得孩子的自由——可以说是把孩子当作一种特殊形式的消费而购买其服务。但是，一旦行使了这项选择权，孩子本身就具有了自己的价值，并且拥有了自己的自由，该自由并不仅仅是家长的自由的延伸。

从很多方面看，对于自由主义者来说，以家长式管理为理由而

42 进行的政府活动是最令人头疼的，因为该理由涉及对下列原则的接受：一些人应该为其他人做决定。自由主义者觉得这个原则在大多数的实际应用中都是令人厌恶的，他（正确地）认为该原则是他的主要思想对手的特征，这些对手就是这种或那种形式的集体主义（比如福利国家）的倡导者。然而，假装我们面对的问题没有实际情形那么复杂，是没有用处的。我们不可避免地会需要某种程度的家长式管理。正如1914年戴雪在讨论一个旨在保护精神有缺陷者的法案时写道："《精神缺陷法案》（The Mental Deficiency Act）是沿着一条道路迈出的第一步——没有一个神志正常者会拒绝走这条道路，但是，如果在这条路上走得太远，会让政治家们面临很大的困境，除非对个体的自由进行多方干涉，否则就无法应对这样的困境。"[1]没有任何公式能够告诉我们应该在哪里止步。我们必须依赖我们那容易出错的判断力，并且，在做出判断以后，要么依赖我们说服人的能力，使我们的同胞们相信这是一个正确的判断，要么依赖同胞们说服人的能力，说服我们修正我们的观点。在这个问题上，和在其他地方一样，我们必须信赖不完美的、带有偏见的人们通过自由讨论和试错而达成的一致意见。

结　　论

如果一个政府维持法律和秩序，给产权下定义，充当我们对产

① 参见A. V. 戴雪：《19世纪英国法律和公众舆论的关系》（*Lectures on the Relation between Law and Public Opinion in England during the Nineteenth Century*）第2版，伦敦：麦克米伦出版社1914年版，第li页。

权和其他经济活动规则进行改进的一个手段，裁决因对规则的不同解读而引起的纠纷，强制执行合同，促进竞争，提供货币体系框架，积极应对那些公认十分重要、政府特别有必要干预的技术性垄断和邻里效应，并作为私人慈善机构和个体家庭之外的一种补充， 43
为不能自负责任的人（不论是精神病患者还是儿童）提供保护——显然，这样的政府将会履行十分重要的职责。一个立场始终如一的自由主义者，不会是无政府主义者。

然而，以下情况也是真实无误的：这样的一个政府显然只有有限的职责，它将会避免从事现在美国的联邦政府和州级政府，还有其他西方国家政府及其地方政府在从事的那些活动。关于这些政府活动，有一些在前面已经讨论过了；另外一些我们还会在以下的各章节中详细论述。不过，在本章的末尾这里列举一下美国政府目前所从事的一些活动，对于弄清楚一个自由主义者愿意让政府在何种程度上发挥其作用，也许会有所帮助；在我看来，按照我们前面所概述的原则，这些活动不能被证明是十分正当的：

1. 实施针对农业的平价支持计划。
2. 对进口产品征收关税，或限制产品出口，比如现行的石油进口配额、糖类产品配额等。
3. 政府对产出实行控制，比如通过农场计划，或者通过石油配产，就像得克萨斯铁路委员会所做的那样。
4. 对租金实行控制，就像目前仍在纽约实行的那样，或者实行更一般的物价控制和工资控制，如同“二战”期间和“二战”刚结束时所强制实行的那样。
5. 出台法定最低工资率，或者法定最高物价，比如规定商业银行可以为活期存款支付利率的法定上限为零，或者规定储蓄或定期存款之利率的固定法定上限。

6. 出台针对各产业的详细的规章制度，比如州际商务委员会针对交通运输制定的规章制度。最初针对铁路出台该规
44 章制度时，尚因技术性垄断的理由而具有一定的正当性；而现在，无论对哪种运输方式来说，它都不再具有任何正当性。另一个例子是针对银行业的详细的规章制度。

7. 还有一个类似的例子特别值得一提，因为其中隐含了内容审查和对言论自由的侵害，那就是联邦通信委员会(Federal Communications Commission)对广播和电视的控制。

8. 现有的社会保障计划，尤其是养老计划和退休计划，实际上迫使人们(1)支出其收入的一个特定比例，用以购买退休年金，(2)从一个政府运营的企业购买年金。

9. 在诸多城市和州颁发许可证，只有持有许可证的人才能开办特定的企业或从事特定的职业，而这种许可证并不简单：并不是每个想从事相关活动的人都可以交税然后凭借税票取得许可证。

10. 实行所谓的“公租房”，及其他许多旨在促进住宅建设的补贴计划，比如联邦住房管理局(F. H. A)和美国退伍军人事务部(V. A.)对按揭贷款提供的担保，以及类似的计划。

11. 在和平时期强制征募人员服兵役。按照自由市场理论，真正合理的安排方式是自愿参军；也就是说，雇用人员来

服兵役。没有任何理由不通过支付必要价格的方式来吸引到指定的人数。现有的安排是不公平的、武断的，它们严重干涉了年轻人的自由，使他们不能自由塑造自己的人生，而且这些安排很有可能比利用市场的方式更加昂贵（进行普遍的军训以便为战时提供后备力量，则是一个不同的问题，并且能够以自由为理由证明其正当性）。

12. 建立国家公园，如前所述。

13. 通过法律禁止以获取利润为目的而运送邮件。

14. 国家拥有和经营收费公路，如前所述。

以上的列举远未囊括所有的情形。

第 3 章　对货币的控制

47　在过去的几十年中,"充分就业"和"经济增长"已经成为了扩大政府对经济事务干预程度的主要借口。据说,私人自由企业所构成的经济,具有内在的不稳定性。如果任其自行发展,将会带来繁荣和萧条的反复循环。因此,政府必须介入其中,以便使经济平稳运行。在 1930 年代的大萧条期间和大萧条之后,这些论点尤其具有说服力,而且它们是促成了我们这个国家的"新政"并导致其他国家类似的政府干预范围扩大的主要因素。就更近的时期来说,"经济增长"则成为更流行的口号。据称,政府必须确保经济不断扩张,从而为冷战提供必需的金钱和物资,同时,政府必须向世界上尚未表态的国家证明,民主国家能够比共产主义国家更快地增长。

这些论点完全是误导性的。事实是,和大多数出现严重失业的其他时期一样,大萧条是因为政府的管理失误,而不是因为私人经济任何内在的不稳定性而产生的。早在大萧条之前,一个由政府创建的机构——联邦储备系统——被赋予了制定货币政策的责任。在 1930 年和 1931 年,联邦储备系统履行职责十分不力,使得原本应该较为温和的一次经济紧缩转变成了一场严重的灾难(进一步的讨论,请参见下文第 55—62 页)。类似地,在今天,政府的各项举措也构成了阻碍美国经济增长的主要障碍。关税以及对国际贸易的其他限制、高额税负以及复杂且不公平的税收结构、各种监管委员会、政府规定的价格和工资，以及大量其他举措，都刺激个体不恰当地使用资源，扭曲其对新增储蓄的投资。为了经济的稳定和增长，我们所迫切需要的是减少而不是增加政府干预。

即使减少政府干预，政府也还是要在这些领域发挥重要的作 48
用。如果我们能够利用政府为自由经济提供一个稳定的货币机制，那将是十分可取的；而这其实是提供稳定的法律框架这项政府职能的一部分。以下情况也将是十分可取的：利用政府来提供一个一般性的法律和经济框架，从而使个体能够在经济中引致增长，当然前提是这与个体的价值相吻合。

与经济稳定相关的主要政府政策领域是货币政策，以及财政或预算政策。本章将讨论国内货币政策，下一章将讨论国际性货币安排，而第 5 章将讨论财政或预算政策。

在本章和下一章，我们的任务是在两种观点之间找寻一条路径，这两种观点尽管各有优点，但都不能令人满意。一边的观点认为，一种完全自动的金本位制不但可行，而且是十分可取的，有关创造稳定的环境、促进个体之间和国家之间经济合作的所有问题，它都能予以解决。另一边的观点认为，总是会有意外的情况需要适应，这就要求将宽泛的裁量权交给一群专业技术人员，并将他们齐聚在一个“独立的”中央银行或者某个官僚机构。在过去，这两种观点都未能被证明是令人满意的解决方案；恐怕将来也没办法证明。

*　　　　*　　　　*

一个自由主义者从根本上对过分集中的权力感到忧虑。他的目标是最大程度地分别维护每个个体的自由，而与此同时，一个人的自由也不应该妨碍其他人的自由。他相信，这一目标要求权力

必须被分散开来。对于将市场能够履行的任何职能交给政府这回事,他抱有怀疑的态度,既是因为这意味着在相关领域用强迫来取
49 代自愿的合作,也是因为,如果政府的职能得到加强,将会在其他方面威胁到自由。

将权力分散开来这一需要,在货币领域会引起一个十分棘手的问题。政府必须对货币方面的事务承担一定的责任,这一点是有广泛共识的。以下观点也得到广泛的认可:对货币的控制可以成为控制经济并决定经济走向的一个强有力的工具。其强有力的作用在列宁的著名论断中得到了戏剧化的体现:要想摧毁一个社会,最有效的方法就是摧毁其货币。它也在下述情形下,以一种更加乏味的方式得以体现:从上古时代起,君主们就能够通过对货币的控制,毫无节制地对普罗大众强征重税,而且往往没有得到立法机构的明确同意(如果其时存在立法机构的话)。事实一直如此,无论是在古代,君主们铸币时偷工减料或采取类似的权宜之计,还是现如今,通过我们那更加复杂的现代技术,开动印钞机或者仅仅更改一下账目。问题在于,应该建立制度性的安排,从而既能使政府担负起对货币的责任,同时又能限制在此过程中授予政府的权力,并且阻止这种权力被用来削弱而不是加强自由社会。

商品本位制

从历史的角度看,在许多不同的地方、历经诸多世纪逐渐发展起来的手段,常常是一种商品本位制;也就是使用某种实体商品作为货币,比如黄金或白银,黄铜或锡,香烟或干邑白兰地,或者各种

其他商品。假若货币完全由此种实体商品组成，那么，从理论上说，根本就不需要政府进行控制。一个社会中的货币数量，将取决于生产作为货币之商品的成本，而不是取决于其他事物。货币数 50
量的变化，将取决于生产作为货币之商品的技术条件的变化，以及对货币的需求的变化。这是一种完美的理想，自动金本位制的很多信仰者都受到它的鼓舞。

实际中的商品本位制已经远远偏离了这种简单的、不要求政府干预的模式。从历史的角度来看，伴随着商品本位制（比如金本位制或者银本位制），一直有这样或那样的信用货币在不断发展，从名义上说，信用货币可以按照固定的比率兑换成作为货币之商品。之所以会出现这样的发展，是有其充分理由的。从作为一个整体的社会的角度来讲，商品本位制的根本缺陷在于，它要求使用真实的资源来增加货币存量。人们必须辛劳地工作，才能从南非的土地中掘出黄金——而目的只不过是将其重新埋在贮存国库黄金的诺克斯堡，或者某个类似的地方。商品本位制的运行必须使用真实的资源，这一点使得人们有很强烈的动机去寻求不使用这些资源而达到相同结果的各种方法。如果人们能够接受印刷着“我承诺支付____单位的商品本位”的纸张作为货币，那么这些纸张就能够履行与实体的金银一样的职能，而纸张只需要少得多的资源就能够生产出来。我曾经在其他地方更详细地讨论过这一点，[①]我认为，这正是商品本位制的根本性困难之所在。

① 《货币稳定方案》(*A Program for Monetary Stability*)，纽约：福特汉姆大学出版社 1959 年版，第 4—8 页。

假若自动商品本位制是可行的，它将为自由主义者的两难困境提供一个绝佳的解决办法：一个稳定的、无滥用货币权力之虞的
51 货币框架。比方说，假若一个货真价实的金本位制（在这种本位制下，一个国家的货币百分之百地都是真正的黄金）得到全国公众的广泛支持，公众被金本位制的神话所感染，并且深信，政府对其运行的干涉是不道德、不正确的，那么，这将有效地确保政府不会插手货币问题，确保不会出现不负责任的货币政策。在这样一种金本位制下，政府所拥有的任何货币权力，其范围都将是非常微不足道的。但是，正如前文所述，这样一种自动的体系在历史上从来就没有被证明过是可行的。它总是倾向于朝着一种混合体系的方向发展：除了作为货币之商品以外，这样的混合体系还包含信用因素，比如银行纸币或存款凭证，或者政府发行的纸币。而一旦引入了信用因素，要想避免政府对这些因素的控制，就是非常困难的，即使它们最初是由个体私人发行的也一样。从根本上说，原因在于，要想防止制造假币、防止产生同样经济效果的行为，是很不容易的。信用货币相当于一个支付本位货币的合同。而实际的情况是，在制定这样一个合同和实现这个合同二者之间，往往有一个很长的时间间隔。这就加剧了强制执行合同的困难，也提高了发放欺骗性合同的诱惑力。此外，一旦引入了信用因素，自己发行信用货币的诱惑力对于政府来说简直就是不可抗拒的。因此，在实践中，商品本位制往往都变成了混合本位制，而且包含广泛的政府干预。

需要注意的是，尽管有很多人连篇累牍地发表意见，赞成金本位制，如今却几乎没有人真心想要一个货真价实的完全金本位制。

那些说他们想要金本位制的人，几乎无一例外地指的都是现在这种金本位制，或者 1930 年代所实行的那种金本位制，即由一个中央银行或者其他政府机构所管理的金本位制，此种银行或者机构 52
拥有少量的黄金作为对信用货币的“支持”——如果我们使用“支持”这一十分具有误导性的词语的话。甚至还有一些人赞成 1920 年代所实行的那种金本位制：有黄金或者黄金券作为不断转手的货币真正地在流通——一种金币本位制；但是，即使是这些人也赞成，在存在黄金的同时，也应该存在政府信用货币，以及由银行发行的存款凭证（这些银行应该持有少量的黄金储备或信用货币储备）。即使在 19 世纪所谓的金本位制的黄金时期——据说那时候英格兰银行将金本位制运作得有声有色——货币体系也远非一个完全自动的金本位制。即使在那时，它也是一个受到高度监管的本位制。当然，现在形势更加极端，因为一个接着一个的国家接受了以下观点，即政府需要对“充分就业”担负起责任。

我的结论是，就为自由社会建立货币安排这一问题而言，一个自动的商品本位制既不是一个可行的解决办法，也不是一个可取的解决办法。自动商品本位制并不可取，因为它需要以资源的形式投入大量的成本，用于生产作为货币之商品。它也并不可行，因为那些使它卓有成效的神话和信仰是不存在的。

这一结论不仅得到前述一般的历史性证据的证实，而且得到了美国特有的经历的证实。从 1879 年起（这是美国在内战后重新启用黄金支付的年份），直到 1913 年，美国实行了金本位制。尽管这种金本位制比“一战”以来我们所实行的任何体系都更接近完全的自动金本位制，但它与百分之百的金本位制仍然相差甚远。政府仍然发行纸币，私人银行也以存款凭证的形式发行这个国家中大多数的有效流通媒介；银行的运营受到政府机构的严格监管——全国性银行受到美国货币监理署的监管，州级银行受到州
53 级银行业管理当局的监管。黄金——无论是国库中的黄金，银行持有的黄金，还是个人直接持有的金币或者黄金券——只占到货币存量的10%—20%，具体的百分比每年都会有变化。而剩余的80%—90%则由白银、信用货币以及银行存款凭证（不存在与其相匹配的黄金储备）构成。

今天回想起来，我们可能认为这一体系运作得还不错。但对当时的美国人来说，情况显然并非如此。1880年代围绕白银问题产生的社会骚动，就是不满的一种反映；这次社会骚动随着布莱安(Bryan)的黄金十字架演说(Cross of Gold speech)达到顶峰，而该演说又为1896年的总统大选奠定了基调。相应地，这次社会骚动也是1890年代早期严重的萧条岁月的主要罪魁祸首。它导致人们普遍担忧美国会放弃金本位制，而美元相对于外国货币来说会贬值。这导致投资者对美元避之唯恐不及，资本外流，因而引起了美国国内的通货紧缩。

由于1873年、1884年、1890年以及1893年接连不断的金融危机，企业界和银行界人士普遍要求对银行业进行改革。在1907年的恐慌中，各家银行协同动作，拒绝随需将存款凭证兑换为货币；这次恐慌最终使得人们对金融体系的不满情绪明确地转变成了对政府行动的迫切要求。国会设立了国家货币委员会(National Monetary Commission)，该委员会1910年提交的建议被纳入1913年通过的《联邦储备法》。沿着《联邦储备法》的思路

进行的改革得到了社会各界的支持，无论是工人阶级还是银行家，无论是共和党还是民主党。国家货币委员会的主席是共和党人尼尔森·W. 奥尔德里奇(Nelson W. Aldrich)；而为《联邦储备法》做出主要贡献的参议员则是民主党人卡特·W. 格拉斯(Carter W. Glass)。

实际上，由《联邦储备法》带来的货币安排方面的变革，比它的
起草者或支持者原本打算的更为剧烈。《联邦储备法》通过之时，54
金本位制在全球占据着绝对的统治地位——它不是一种完全自动的金本位制，但是，与此后我们所经历过的任何体系相比，它与那种理想状态是最为接近的。人们理所当然地认为，它将会继续称雄世界，故而能够将联邦储备系统的权力限制在有限的范围内。该法案刚刚通过，第一次世界大战就爆发了。许多国家纷纷放弃了金本位制。到大战结束时，联邦储备系统已经不再是金本位制的一个微不足道的附属物，不再是那个被设计出来确保一种形式的货币能够兑换成其他形式的货币、同时对银行进行约束和监督的机构。它已经变成了一个影响力巨大、能够自由做决定的权威机构，它能够决定美国的货币数量，能够影响全世界的金融局势。

一个自由做决定的货币当局

联邦储备系统的建立，是内战时期的《国民银行法》以来，美国货币机制中最为显著的变化。这是 1836 年美国第二银行(the Second Bank of the United States)的特许状过期以后，第一次建立起一个单独的官方机构，明确地使其对货币局势担负责任，而且

据说它拥有足够的权力，可以实现货币稳定，或者至少可以阻止显著的货币动荡。因此，如果我们把联邦储备系统建立之前和建立之后的总体情况做一个比较，必定十分具有启发性；比如说，拿时间跨度相同的两个时期做比较，即内战结束后到 1914 年，以及 1914 年到现在。

显然，上述第二个时期从经济角度来说是更加不稳定的，无论这种不稳定性是用货币存量的波动、物价波动还是产出波动来衡量。在一定程度上，这个时期更大的不稳定性反映了这期间发生的两次世界大战的影响；无论我们的货币体系是怎样的，世界大战
55 显然都会成为不稳定性的来源。但是，即使我们忽略掉战争的年月和战后的那几年，只考察和平的年份，比如从 1920 年到 1939 年，以及从 1947 年到现在，结果仍然是相同的。比起联邦储备系统建立之前，在其建立之后，货币存量、物价以及产出的的确确更加不稳定了。产出的不稳定性表现最剧烈的时期当属两次世界大战之间的时期，它包含了 1920—1921 年、1929—1933 年和 1937—1938 年的严重经济紧缩。美国历史上再也没有哪个为期二十年的时间段包含三次如此严重的经济紧缩。

当然，这样一种粗略的对比，并不能够证明联邦储备系统没能为货币稳定做出贡献。也许联邦储备系统所必须应对的问题，与在更早时期冲击货币结构的那些问题相比，要更加棘手。也许，如果仍维持更早时期的货币安排，同样的问题原本可能引起更大程度的货币不稳定。不过，这种粗略的对比至少应该能够让读者先停下来略作思考，而不是理所当然地接受下述观点（人们常常这样做）：一个像联邦储备系统这样历史悠久、影响力巨大、无所不在的

机构，必定是在履行着一种必要的、可取的职能，必定是在为实现建立它的初衷贡献着力量。

以对历史证据的广泛研究为基础，我个人认为，这种粗略的对比所揭示的经济稳定性方面的不同，其实可以归因于货币机制的不同。我相信，此种证据说明，在“一战”期间和“一战”后的几年中，至少三分之一的物价上涨可以归因于联邦储备体系的建立，如果维持更早时期的银行体系，那么原本不会出现这部分的物价上涨；几次主要的经济紧缩——1920—1921 年、1929—1933 年和 1937—1938 年——之所以会特别严重，可以直接归因于联邦储备当局的错误之举和疏忽之举，如果维持更早时期的货币安排和银行业安排，那么原本不会发生这么严重的经济紧缩。当然，在这三个时期以及其他时期，原本也很有可能出现经济衰退，但它们都不 56
大可能发展成十分严重的经济紧缩。

我显然没办法在此详尽论述这种证据。[②] 然而，关于如何看待政府在经济事务中的作用，人们的态度普遍都会被 1929—1933 年的大萧条所左右（我认为应该说“扭曲”）；鉴于此，在这里更详细地说明这种证据所表明的对问题的解读方式，也许是很有价值的。

1929 年 10 月的股市大崩盘结束了 1928 年和 1929 年的牛市，由于它的戏剧化的性质，它经常被认为既是大萧条的开端，又是大萧条的主要近因。这两种观点都不对。早在大崩盘之前的几个月，即 1929 年年中，经济运行就达到了顶峰。顶峰之所以会这

② 参见拙著《货币稳定方案》，以及米尔顿·弗里德曼和安娜·J. 施瓦茨合著《美国货币史，1867—1960》（*A Monetary History of the United States, 1867—1960*）（受美国国家经济研究局委托，即将由普林斯顿大学出版）。

么早就到来，很有可能（部分地）是因为联邦储备系统为了阻止“投机”而强制实施的相对的银根紧缩——通过这种间接的方式，股市可能在引致经济紧缩方面起到了一定作用。毫无疑问，股市大崩盘转而间接地影响了对经济的信心，影响了个体的消费意愿，而这又对经济运行进程施加了令人沮丧的影响。但是，单凭这些影响本身，根本不可能引起经济活动中的崩溃。它们至多可能会使这次经济紧缩与贯穿我们的历史、不时打断美国经济增长的那些常见的、温和的经济衰退相比，时间更长、更严重；但它们不可能使这次经济紧缩变成这样的一场灾难。

57 针对第一年来说，经济紧缩没有显示出任何会在其后期阶段占主导地位的那些特殊特征。比起大多数经济紧缩时期的第一年，这次的经济下滑更严重，这可能是对股市大崩盘以及从 1928 年年中开始实施的不寻常的银根紧缩的一种反应。但是，它没有显示任何从质的方面来说不同的特性，没有显示任何将要蜕变成一场大灾难的征兆。除非是按照天真的“乙发生于甲之后，故乙因甲而起”（*post hoc ergo propter hoc*）的推理思路，否则，就经济形势来说——比如说在 1930 年 9 月或 10 月的时候——没有任何一点使得随后几年持续的、剧烈的经济下滑成为不可避免的，甚至不能说成为高度可能的。如今回想起来，有一点很清楚，那就是联邦储备系统早就应该改弦易辙，它本不应该让货币存量从 1929 年 8 月到 1930 年 10 月下降近 3%——这一下降幅度要超过此前几乎所有的经济紧缩时期的整个阶段（最严重的经济紧缩除外）。尽管这是一个失误，但也许还有情可原，而且不是太关键性的。

在 1930 年 11 月，经济紧缩的性质发生了巨大的变化——其时，一系列的银行倒闭引起了大规模的挤兑风潮，即储户争相要将存款兑换为现金。风潮从美国的一个地方蔓延到另一个地方，并且在 1930 年 12 月 11 日随着美国银行（the Bank of the United States）的倒闭达到顶点。该银行的倒闭举足轻重，不仅是因为它是全国最大的银行之一、存款达到 2 亿美元，而且因为，尽管它是一个普通的商业银行，它的名字误导了很多国内的人以及更多的外国人，以为它是一个官办银行。

在 1930 年 10 月以前，没有预示流动性危机的任何征兆，民众也没有对银行失去信心。但是，此后，流动性危机反复出现，经济运行深受其累。通常，一波银行倒闭的浪潮会逐渐减缓；而后，随着个别戏剧化的银行倒闭或者其他事件引起人们对银行体系再次失去信心、再次出现一系列的银行挤兑，银行倒闭的浪潮又会再次汹涌来袭。这些事情之所以重要，并不是因为——甚至并不主要 58
是因为——银行的倒闭，而且因为它们对货币存量的影响。

在一个像我们这样的部分准备金银行体系中，一家银行当然不会拥有一美元的现金（或其等价物）来对应一美元的存款。正因如此，“存款”是一个十分容易令人误解的词语。当你在银行存入一美元的现金时，银行也许会在其现金中添加十五美分或者二十美分；其余的都从另一个窗口贷出去了。借款人可能会转而将借来的钱存在该银行或者另外一家银行，而且这一过程会不断重复下去。其结果就是，与银行所拥有的每一美元现金相对应，银行都欠着好几美元的存款。因此，针对某一特定数额的现金，公众愿意以存款形式持有的货币比例越高，其总的货币存量——现金加上存款——就会越多。故而，储户任何大规模的企图“拿回他们的钱”的举动，都意味着货币总量的减少——除非能找到某种方法，创造出额外的现金，并且银行能找到某种方法拿到这些现金。如果不这样的话，当一家银行力图满足其储户时，将会对外借款、抛售其投资，或者取出存款，从而给其他银行也带来压力，而这些银行又会转而给另外的银行带去压力。一旦任由这样的恶性循环继续发展，它就会愈演愈烈：各家银行企图获得现金，使得证券的价格下降，使得原本应该十分稳健的银行无力清偿债务，使得储户失去信心，继而诱发新一轮的循环。

而恰恰是这样的情形，在联邦储备系统建立之前的银行体系下，曾经引起了银行业恐慌，引起了像1907年那样的协同一致的暂停将存款兑换为现金。这种暂停是一个十分极端的措施，并在短期内使情况更加恶化。但它同样也是一种治疗性措施。它阻止无止境的蔓延，防止少数几家银行的倒闭给其他银行带来压力、导
59 致原本稳健的银行跟着倒闭，因而打断了恶性循环。几个星期或者几个月后，当局势稳定下来后，可以再解除这种暂停措施，经济便会开始复苏，不再有货币紧缩。

正如我们所看到的，建立联邦储备系统的主要理由之一就是应对这样的情形。联邦储备系统被赋予了权力，可以在公众产生普遍的对货币的需求（而不是对存款的需求）时，创造更多现金；它也拥有相应的手段，能够以银行资产为抵押，向银行提供现金。原本的期望是，这样一来，我们可以避开任何具有威胁性的恐慌，可以不必暂停将存款兑换为现金，而货币危机给经济带来的不景气的影响可以得到完全避免。

对这些权力的第一次需求，因而也是对其有效性的第一次检

验，发生在 1930 年 11 月和 12 月，起因就是上文所述的一系列银行倒闭事件。联邦储备系统所交出的答卷十分糟糕。在向银行体系提供流动性方面，它几乎无所作为：显然它认为诸多的银行倒闭事件并不值得采取什么特别行动。然而，有一点值得强调，那就是，联邦储备体系的失败，是由于意愿的问题，而不是权力的问题。在这一次，以及在后来的那些危急关头，它都拥有足够的权力向银行提供其储户所强烈要求的现金。如果它真这样做了，那么银行的倒闭原本可以停止下来，货币大溃败原本可以被避免。

最初的银行倒闭浪潮平息了，在 1931 年年初，出现了信心恢复的征兆。联邦储备系统利用这个机会削减了它自己的尚未还清的借款——也就是说，它通过采取温和的通货紧缩政策来抵消天然的扩张性力量。即便如此，不仅在货币领域，而且在其他经济活动领域，还是出现了明显的改善迹象。如果只考察 1931 年头四五
个月的数据，而不考虑其后所发生的实际情况，它们其实具有一个 60
循环周期见底、复苏即将开始的所有特征。

然而，这种试探性的复苏只维持了很短的时间。卷土重来的银行倒闭开启了另一轮挤兑浪潮，又一次使货币存量重新下降。再一次地，联邦储备系统无所事事，袖手旁观。面对一场史无前例的商业银行体系破产倒闭，“终极贷款者”的账目记录中显示，它向下属的银行提供的贷款额**下降**了。

在 1931 年 9 月，英国取消了金本位制。在此前和此后，美国都从英国撤走了黄金。尽管在此前的两年中，黄金流向了美国，并且美国的黄金存量和联邦储备的黄金储备比率位于历史最高点，但是，联邦储备系统应对外部的耗竭劲头十足、动作迅速，与面对

之前的国内耗竭的反应完全不同。它这样做时所采用的方式，是一种必定会加剧国内金融困境的方式。在两年多的严重经济紧缩之后，联邦储备系统提高了贴现率，即联邦储备系统愿意借款给下属银行的那种利率；这次贴现率的提高十分显著，在联邦储备系统的整个历史中，在如此短的时期内这样大幅度的提高贴现率，是绝无仅有的。该举措停止了黄金外流。但同时伴随而来的，是银行倒闭和银行挤兑的惊人的增加。从 1931 年 8 月到 1932 年 1 月，在这六个月的时间里，十家银行里大约就有一家停业，商业银行存款总额下降了 15%。

1932 年出现了一次暂时的政策逆转，它涉及购买 10 亿美元的政府债券，因而使货币存量下降的速度减缓了。假若早在 1931 年就采取这项措施，那么几乎可以肯定，它原本足以阻止上述大崩溃的发生。而到了 1932 年，则为时已晚，它最多只不过是一个消极的缓冲之计；并且，当联邦储备系统故态复萌又变得被动无为时，紧随着这种暂时改善而来的，是新一轮的溃败，最后以 1933 年
61 的银行假日告终——其时，美国所有的银行都遵照官方命令关闭了一周多的时间。一个在很大程度上是为了防止暂停将存款兑换为现金而成立的系统——这种暂停措施此前曾经成功阻止了银行的倒闭——这样一个系统，先是任由全国近三分之一的银行灰飞烟灭，紧接着又大张旗鼓地暂停兑换，其覆盖面之广、程度之严重，是以前任何暂停措施都无法比拟的。然而，联邦储备系统自我辩解的能力十分强大，乃至联邦储备委员会居然在其 1933 年的年度报告中写道："联邦储备银行在危机当中满足了对货币的巨大需求，它们的这种能力说明，我国依照《联邦储备法》建立起来的货币

体系是非常有效的……假若联邦储备系统没有采取自由、开放的市场购买政策，那么，很难说萧条原本可能演变成何种情形。”

合计起来，从 1929 年 7 月到 1933 年 3 月，美国的货币存量下降了三分之一，而此种下降的三分之二以上都发生在英国脱离金本位之后。假若制止了货币存量这样大幅度的下降——很明显，这是原本能做到的，也是原本应该做到的——那么，经济紧缩原本能够更快结束，而且会温和得多。也许从历史的角度考察，它仍会算得上是一次严重的经济紧缩。但是，假若货币存量没有下降，那么，完全无法想象在四年的时间里，货币收入会下降超过二分之一，物价会下降超过三分之一。据我所知，在任何国家、任何时期，没有哪一次严重的萧条不是伴随着货币存量的急剧下降，同样地，也没有哪一次货币存量的急剧下降不是伴随着严重的萧条。

美国的大萧条绝非私人企业制度的内在不稳定性的征兆，相反，它显示了，如果让少数的几个人掌控一国货币体系的大权，那么，他们所犯的错误会造成多么大的危害。

也许，从当时的人所掌握的知识来看，这些错误是可以原谅 62
的——尽管我个人不这么认为。但是，这一点其实无关紧要。赋予少数几个人如此大的权力、如此多的自由决定权，以至于若干错误（无论是情有可原的还是不可原谅的）就能产生深远的影响——任何一个这样的体系都是个坏的体系。对于信仰自由的人们来说，它是个坏的体系，原因就在于它赋予了少数人如此大的权力，然而国家又并未对其进行有效制约；这是反对建立“独立的”中央银行的主要政治论点。但是，即使对于那些将安全看得比自由更重要的人来说，它也是一个坏的体系。如果一个体系将责任分散开来,但却赋予少数人极大的权力,因而使重大的决策行为高度依赖于偶然的个性,那么,错误(无论是情有可原的还是不可原谅的)的出现都将是不可避免的。这是反对建立“独立的”银行的主要技术性论点。套用克里孟梭(Clemenceau)的话说,货币这件事太重要了,不能完全交给中央银行家们。*

要规则,不要权威

如果通过依赖完全自动的金本位制的运作,或者通过赋予独立的权威机构宽泛的自由决定权,都不能实现我们的目的,那么,我们还能以什么别的办法建立一个货币体系呢?我们需要的是一个稳定的、但同时又可以免遭政府不负责任的修修补补的货币体系,这个体系要为自由企业经济提供必要的货币框架,但又不会成为权力的一种来源,并且不会被用来威胁经济自由和政治自由。

迄今为止被提出的唯一看起来有希望的办法是,试图建立起法治的而不是人治的政府,通过立法确定关于货币政策的规则,以便达到这样的效果:使得公众能够通过政治当局对货币政策进行控制,同时,这将防止货币政策受制于政治当局可能天天变化的一时兴致。

63 通过立法确定关于货币政策的规则这一问题,与一个乍看完全不同的话题有很多共同之处,那就是关于宪法第一修正案的争

* 克里孟梭的原话为:战争这件事太重要了,不能完全交托给军人(La guerre ! c'est une chose trop grave pour la confier à des militaires)。克里孟梭,法国政治家,曾任法兰西第三共和国总理。——译者

论。每当有人提出通过立法确定规则来对货币进行控制十分可取，一个模式化的回答就是，用这样的方法束缚货币当局的手脚，没有太大意义，因为当局总是能够自愿决定，去做规则要求它做的事情——如果它想那么做的话，此外，当局还可以有其他供选择的办法；因此，据说当局“必定”会比规则做得更出色。同样是这个论点，它还有一个针对立法机构的版本。据称，如果立法机构愿意确立这样的一项规则，那么，它必定也愿意针对每个个案立法确立“正确的”政策。那么，持该论点的人要问，确立规则如何能够提供保护以抵御不负责任的政治行为之害？

同样是这个论点，只需对词句稍加修改，就可以适用于宪法第一修正案甚至适用于整个《人权法案》。有人可能会说，专门立法禁止干涉言论自由，这不是很荒谬吗？为什么不单独处理每个个案，并根据其各自的情况进行定夺？这与关于货币政策的一般论点——认为预先束缚货币当局的手脚是不可取的，而应该放手让当局在每个个案出现时根据其情况进行定夺——不是恰恰遥相呼应吗？为什么对于言论问题来说这个论点就站不住脚了呢？有的人想站在街角提倡节育；另一个人想提倡共产主义；还有一个人想提倡素食主义；等等，可以举出无限多的例子。为什么不针对每个人都通过一项立法，专门批准或否决他宣传其特有观点的权利？或者，如果想换一个办法，那为什么不将决定这类问题的权力交给一个行政机构？有一点是十分清楚的：假若我们在每个个案出现时分别对其进行处理，那么，几乎可以肯定，针对大多数的个案甚至可能针对分开来看的每一个个案，大多数的人都会投票否决言论自由。如果对 X 先生是否应该宣传节育思想这一问题进行投

票，那么，几乎可以肯定，大多数人都会说“不应该”；对宣传共产主义思想进行投票，结果也会是一样的；素食主义者也许能获通
64 过——当然，这一点也绝不是完全肯定的。

但是，现在让我们假定所有这些情况都被汇集在一起，作为一批问题来处理，然后请大众把它们当作一个整体来投票，即投票决定言论自由应该在所有情况下都被否决，还是应该都放行。我们完全可以想到（而且我觉得十有八九情况会是如此）：绝大多数的人会投票赞成言论自由；在面对作为整体的一批问题时，人们的投票结果会与针对每个个案分别投票时全然相反。为什么会这样？其中一个原因是，对每个人来说，比起当他是多数派时剥夺别人言论自由的权利这回事，他都更加在乎当他是少数派时自己会被剥夺言论自由的权利这回事。因此，当他面对作为整体的一批问题进行投票时，他考虑得更多的是当他属于少数派时言论自由被否决的这种不太常见的情形，而不是他否决别人的言论自由这种经常性的情况。

还存在另一个原因，它与货币政策更加直接相关，即如果一批问题被当作一个整体，那么很显然，其所遵循的政策具有累积性的影响，而在单独就每个个案投票时，这种影响既不会被承认，也不会被纳入考量范围。当就琼斯先生是否能够在街角演讲进行投票时，不可能把经过公开宣布的、维护言论自由的一般政策所具有的有利影响考虑在内。也不可能考虑到如下事实：假如在一个社会中，除非经过特别立法，否则人们不能自由地在街角演讲，那么，在这个社会中，新思想、实验、变革等的发展，显然都会受到许多不同方式的阻碍；而我们要感谢自己的好运气，因为我们生活的这个社

会所采纳的，是一种自我约束的法规，即不分开来单独考察每个关于言论问题的个案。

而同样的这些考量也恰恰适用于货币领域。如果根据每个个案的情况进行考察，那么很有可能的是，就大多数的个案来说，做
出的决定都是错误的，因为决策者仅仅审视了有限的领域，并没有 65
把作为一个整体的政策所具有的累积性后果考虑在内。另一方面，假如一个一般性的规则得到采纳，用以处理同属一批的一系列个案，那么，该规则的存在，就在人们的态度、信念和期望方面产生了有利的影响——若是在一系列场合分别酌情处理，即便采用的是完全一模一样的政策，也不会产生这些有利的影响。

如果要把一项规则纳入立法，那么它应该是什么样的规则呢？自由派的人们最经常提出的，就是关于价格水平的规则；也就是说，经由立法下达指令，让货币当局维持稳定的物价水平。我认为这个规则不是恰当的那一种。它不是一种恰当的规则，因为就它所涉及的目标而言，货币当局并不具备清楚、直接的权力，可以通过自己的行动而达成这些目标。由此就引出了分散责任的问题和留给当局过多自由空间的问题。毫无疑问，在当局就货币问题所采取的举措与物价水平之间，存在着紧密的联系。但是，这种联系并不足够紧密、足够一成不变、足够直接，以至于维持稳定的物价水平这一目标可以成为当局日常活动的一个合适的指南。

关于采取什么样的规则这一问题，我曾经在其他地方比较详细地考察过。[③] 因此，我在这里仅简单陈述一下我的结论。就我

③ 《货币稳定方案》，第 77—99 页。

们现在所掌握的知识来说，我认为从货币存量的表现来陈述该规则，是比较可取的。目前，我的选择将会是通过立法确立这样的规则：货币当局务必使货币存量保持一个指定的增长率。在此，我认为货币存量应被定义为包括在商业银行以外流通的货币，再加上
66 商业银行的所有存款。我认为应该规定，联邦储备系统应该负责监督按照上述方式定义的总的货币存量每个月都有所增长，如果有可能的话，甚至应该每天都有所增长，其年增长率应该是百分之X，而X应该是3和5之间的一个数值。至于具体采用什么样的货币定义，以及具体选择什么样的增长率，都没有太大区别，最重要的是必须选定一个特定的定义和一个特定的增长率。

按照目前的形势来看，尽管这个规则会大大限制货币当局自由做决定的权力，然而，在如何使货币存量保持指定的增长率、债务管理、对银行业的监管等方面，它仍会给联邦储备当局和财政部的当权者留有过大的自由决定空间。进一步的银行业改革和财政改革，也是可行且可取的；关于这些改革，我在其他地方已经详细地谈论过。它们将会产生如下的影响：消除目前政府对贷款和投资活动的干预，同时把原本一直是不稳定性、不确定性之肇因的政府融资运作转变成一种比较有规律的、可以预料的活动。当然，这些进一步的改革固然很重要，但更为根本性的，还是要确立规则，限制货币当局在货币存量方面的自由决定权。

我想要强调一下，我并不认为我的这个建议是关于货币管理的一个无所不包的终极方案，是一个可能会刻在石碑上、供万世敬仰的规则。在我看来，就我们目前掌握的知识而言，这个规则为维

持一种适当程度的货币稳定提供了最大的希望。我的期望是，随着我们对它的运用以及对货币问题更深入的了解，我们能够设计出更好的规则，得到更好的结果。我认为，要想把货币政策转变成自由社会的一个支柱，而不让它威胁到自由社会的根基，这样一个原则是目前唯一可行的办法。

第4章 国际金融和贸易安排

69 国际货币安排的问题在于不同国家的货币之间的关系，即个体能够按照何种条件将美元兑换成英镑，或将加拿大元兑换成美元，等等。这个问题与前一章所讨论的对货币的控制问题有密切的联系。它也与政府的国际贸易政策相联系，因为对国际贸易的控制是影响国际收支的一个手段。

国际货币安排对经济自由的重要性

尽管国际货币安排问题专业性很强并且复杂得令人望而生畏，但是，一个自由主义者是不能忽略这个话题的。也许下面的说法并不为过：在今日的美国，对经济自由的最严重的短期威胁来自——当然，除了爆发第三次世界大战以外——我们也许会被迫进行影响深远的经济控制，以便“解决”国际收支难题。对国际贸易的干预看起来似乎是无害的，就连那些十分担忧政府干预经济事务的人们，也都支持对国际贸易的干预；许多商界人士甚至把它看成是“美国生活方式”的一部分；然而，几乎没有哪种干预能够像它一样产生如此广泛的影响、并且最终对自由企业造成如此大的破坏作用。有很多可资借鉴的经验表明，要想把一个市场经济体转变为一个威权主义的经济社会，最有效的办法就是从对外汇施加直接控制开始。这样的一个举措将不可避免地导致限定进口数量，控制使用进口产品的国内生产或者控制国内的进口替代品生产，等等，这个螺旋会无限延伸下去。参议员巴里·戈德华特大体上是自由企业的一位坚定拥护者，但是，就连他有时候都会被左 70
右，在讨论所谓的“黄金流动”时，提出对外汇交易的限制可能是一个必需的“药方”。这个“药方”其实比病症要糟糕得多。

在经济政策方面，可以说太阳底下几乎没有新鲜事，因为那些据说是新政策的东西，结果往往只是略作伪装的、在上一个世纪已被抛弃了的东西而已。但是（除非我弄错了）全方位的外汇管制和所谓“货币的不可兑换性”是一个例外，而它们的起源揭示了其威权主义的征兆。据我所知，它们是由亚尔马·沙赫特（Hjalmar Schacht）在纳粹统治初期发明的。当然，在历史上的很多时候，货币都曾经被描述成不可兑换的。但在那些时候，这个词的意思是指当时的政府不愿意或者没办法按照法定的比率将纸币兑换成黄金、白银或当时其他的作为货币之商品。这个词很少意指一个国家禁止其公民或居民进行下述交换，即将承诺支付一定数额的该国货币单位的纸张换成与其相对应的、表示他国货币单位的纸张，或者是将其换成钱币、金条。比如，在美国内战期间以及其后的十五年中，美国货币在下列意义上是不可兑换的，亦即持有美钞者不能拿着钱去找财政部并因此获得一定数量的黄金。但是在这期间，他自始至终都可以自由地以市价购买黄金，或者用美钞以交易双方都满意的任何价格买卖英镑。

在美国，自从 1933 年起，美元在较为陈旧的意义上就是不可兑换的了。美国公民持有黄金或者买卖黄金是非法的。在更新的

那个意义上，美元尚不是不可兑换的。但是，很不幸，我们似乎正在采纳一系列的政策，它们极有可能迟早把我们驱赶到那个方向上去。

71 黄金在美国货币体系中的作用

只是一种文化上的迟滞才导致我们现在依然认为黄金是我们货币系统中的一个核心要素。对黄金在美国政策中的作用更精确的描述应该是：它主要是一种受到价格支持的商品，就像小麦或其他农产品一样。与我们对小麦的价格支持计划相比，我们对黄金的价格支持计划有三方面大不相同：第一，我们向国内的生产者同时也向国外的生产者支付这种支持价格；第二，我们不受限制地按照支持价格向国外的购买者出售黄金，但却不出售给国内的购买者；第三，这是黄金扮演货币的角色所遗留下来的一个重要方面，财政部被授权可以创造货币来支付它所购买的黄金——也就是说，印刷钞票——因此，用于购买黄金的支出不会出现在预算中，其所需要的金额也不必由国会明确拨款；类似地，当财政部出售黄金时，账簿中仅仅显示黄金券减少了，而不会在预算中增加一笔收入。

1934 年，黄金的价格初次被定在现行的一盎司 35 美元的水平，在那个时候，这一价格比自由市场上的金价高得多。因此，黄金涌入美国，在六年中我们的黄金存量增至原先的三倍，最终我们拥有的黄金存量多达世界总存量的一半以上。我们累积起了黄金“盈余”，其原因与我们累积了小麦“盈余”是相同的：因为政府主动支付比市场价更高的价格。近期，形势发生了变化。黄金的法定价格仍保持在 35 美元，然而，其他商品的价格都增至原先的两倍或者三倍。故而现在 35 美元其实低于可能的自由市场价格。[1] 72
结果，我们现在面临着“短缺”而不是“盈余”，其原因与实施租金上限不可避免地导致住房“短缺”是完全相同的：因为政府试图将金价压得比市场价格更低。

若不是因为下述意外情况，其实黄金的法定价格很早之前就应该上涨了（正如小麦的价格会不时被调高一样）：黄金的主要生产者——因此也是金价上涨的主要受益者——是苏联和南非，而美国恰恰与这两个国家的政治分歧最大。

政府对黄金价格的控制——与其他价格控制一样——是与自由经济相矛盾的。我们必须把这样一种伪金本位制和在真正的金本位制下将黄金用作货币截然区分开来，后者与自由经济完全相符合，虽然它可能不大行得通。比固定价格这件事本身更严重的，是罗斯福政府在 1933 年和 1934 年提高金价时所采取的相关措施，这些措施代表着对自由原则的根本性背离，它们所创下的先例去而复返，困扰着整个自由世界。我所指的是黄金储备的国有化、禁止个人出于将黄金当作货币使用的目的而持有它，以及废除公共和私人合同中的黄金条款。

在 1933 年和 1934 年年初，相关法律要求持有黄金的个人将黄金上交给联邦政府。个人按照与此前的法定价格相同的水平得

① 在此需要提示一下：这是一个很微妙的问题，它取决于在估计自由市场价格时把哪些因素作为不变量，尤其是在考虑到黄金所扮演的货币角色的情况下。

到补偿，而该价格明显低于市场价。为了使这一要求切实有效，除了在艺术领域的使用外，个人在美国境内持有黄金都被认定为非法。我们再也想象不出，还有什么措施能够对私有财产原则产生更大的破坏作用，而这些原则是一个自由企业之社会的立足之本。
73 这种以人为低价将黄金国有化的举动，与菲德尔·卡斯特罗(Fidel Castro)以人为低价将土地和工厂国有化相比，并没有什么原则性区别。美国自己都做了这样的事情，那它还能以什么原则为由反对别人这样做？然而，自由企业的一些支持者对与黄金有关的任何问题是如此的盲目无知，以至于摩根担保信托公司(它是J. P. 摩根公司的继受人)的负责人亨利·亚历山大(Henry Alexander)在1960年提出，禁止美国公民私人持有黄金的禁令，应该扩展到在海外所持有的黄金！艾森豪威尔总统(President Eisenhower)采纳了他的提议，而银行业的圈子里几乎没有人反对。

禁止私人持有黄金这一举措，以“保存”黄金使之用作货币的名义得到合理化，但是，颁布这一禁令其实不是为了任何此种与货币有关的目的，不管这样的目的本身是好是坏。实行黄金的国有化，是为了使政府能够获取来自金价上涨的全部“纸面”利益——或者可能是为了防止个人从中获益。

废除黄金条款的目的与此类似。而且这一举措也对自由企业的基本原则产生很大的破坏作用。协议双方秉持诚信的态度并在充分知情的情况下签订的合同，却被宣布无效，使协议中的一方从中获利！

经常性收支和资本外逃

如果从更宽泛的层面讨论来国际货币关系，就有必要区分两
种颇为不同的问题：国际收支平衡，以及黄金挤兑的危险。用普通
的商业银行做一类比，可以对这两种问题的区别做出最简明的解
释。商业银行必须合理安排其事务，以便通过服务费用、贷款利息
等方式，获得足够多的资金，使它能够支付其开销——工资、借款
利息、日常成本、股东回报等。也就是说，银行必须努力维持一个 74
稳健的收入账户。但是，一个收入账户完全没有问题的银行，仍有
可能遇到严重的困境——如果出于某种原因它的储户对它失去信
心，突然都要求取走存款的话。在前一章所讲的流动性危机时期，
就有很多运行良好的银行因为这样的挤兑而被迫关门。

这两个问题当然不是没有联系的。一家银行的储户之所以会对银行失去信心，一个很重要的原因就是银行的收入账户上损失不断。不过，这两个问题也是极其不同的。一方面，收入账户上的问题一般都要经过一段时间才会显现，银行会有相当长的一段时间去解决这些问题。此类问题一般都不是让人措手不及地突然出现。而另一方面，挤兑却可能毫无预警地突然发生。

美国的情形是极其类似的。美国居民，以及美国政府自己都寻求用美元购买外币，以便在其他国家购买商品和服务、投资于外国企业、支付债务利息、偿还贷款，或者赠予他人（无论是对公还是对私）礼物。同时，外国人也寻求用外币购买美元，用于类似的目的。在事后，用于购买外币的美元数额，与外币所买走的美元数

额，二者是恰好相等的；正如卖掉的鞋子数，应该恰好等于买走的鞋子数。算数就是算数，而一个人购买的东西就是另一个人卖掉的东西。但是，以下这一点并不能得到保证：**给定以美元计算的外币价格**，一些人希望花费掉的美元数额，会等同于另一些人希望买进的美元数额；这正如以下这一点并不能得到保证：**给定鞋子的价格**，人们想购买的鞋子的数量，会恰好等同于其他人想出售的鞋子的数量。**事后**的数量相等反映了某种机制的存在，它消除了任何
75 **事前**的数量不一致。实现一种合适的、能够达成这一目的的机制，正是问题所在；这个问题与银行收入账户问题是类似的。

此外，美国还有一个避免挤兑的问题，这也和银行是相类似的。美国承诺以一盎司 35 美元的价格出售黄金给外国中央银行和政府。外国的中央银行、政府及居民以储蓄存款或者美国有价证券（这些是随时可以出售换成美元的）的形式在美国持有大笔资金。在任何时候，这些资金的持有者都可以试图将他们的美元兑换成黄金，展开对美国财政部的挤兑。而这正是 1960 年秋天发生的事情，并且，在未来某个不可预知的日子，极有可能还会再次发生（说不定在本书付梓之前就会发生）。

这两个问题在两方面互相联系。首先，同银行的情形类似，收入账户出现困难，是人们失去信心的一个主要起因：人们不再相信美国有能力履行诺言，以一盎司 35 美元的价格出售黄金。而美国实际上不得不向海外借款以便实现经常项目收支平衡，这一事实正是美元持有者想要把美元兑换成黄金或者其他货币的主要原因。其次，把黄金的价格固定下来，是我们用来固定另外一系列价格——以外币计算的美元价格——的手段，而黄金的流动是我们

用来解决国际收支**事前**的数量不一致的手段。

其他可供选择的实现对外收支平衡的机制

通过考察还有哪些其他可供选择的实现国际收支平衡(这是两个问题之中的第一个问题,从很多方面看也是更为根本性的问题)的机制,我们能够更加了解前述两种联系。

假设美国的国际收支大体平衡,然后发生了一些事情,使得形 76
势出现变化,比如说,减少了外国人想购买的美元数额,使它低于美国居民想要出售的美元数额;或者从相反的角度来说,增加了美元持有者想购买的外币数额,使它高于外币持有者想要出售换成美元的外币数额。也就是说,美国的收支项目受到威胁,有产生“赤字”的危险。之所以会这样,可能是由于国外的生产效率提高了或者国内的效率降低了,美国用于对外援助的支出增加了或者其他国家的对外援助支出减少了,或者是数不清的、总是在不断发生的类似变化。

一个国家要想适应这样的紊乱情况,有且只有四个办法,而它必须采用这些办法的某种组合形式。

1. 可以将美国的外币储备降低,或者使其他国家的美元储备增加。在实践中,这意味着美国政府可以减少其黄金存量,因为黄金可以兑换成外币,或者美国政府可以借入外国货币,并使外币可以按照官方汇率以美元购得;或者外国政府可以通过以官方汇率向美国居民出售外币来累积美元。显然,依赖货币储备最多只能是一种权宜之计。实际上,正是因为美国运用这种权宜之计用得太多了，才会引起人们对国际收支问题的极大关注。

2. 可以迫使美国国内的物价相对于国外物价而言下降。在完全的金本位制下，这将是主要的调节机制。初始的赤字将引起黄金外流（参见上述第 1 种机制）；黄金的外流将引起货币存量的减少；货币存量的减少将引起国内物价和收入下降。同时，在国外将出现与此相反的效应：黄金的流入将增加货币存量并因此抬高
77 物价和收入。下降了的美国物价和增加了的外国物价将使得美国商品对外国人更具吸引力，并因此增加外国人想要购买的美元数额；同时，物价的变化将使得外国商品对美国居民而言不再那么有吸引力，并因此减少美国居民想要出售的美元数额。这两种效应会同时起作用，减少赤字并恢复收支平衡，而无须进一步的黄金外流。

按照现代的管理标准，这些效应并不是自动的。黄金的流动仍然可能作为第一步而出现，但是它们不会影响哪个国家（无论是黄金减少的国家，还是黄金增加的国家）的货币存量，除非个别国家的货币当局做出决定，认为黄金流量应该产生影响。现如今，在每个国家，中央银行或者财政部都有权力采取措施来抵消黄金流动带来的影响，或者在没有黄金流动的情况下改变货币存量。因此，这一机制只有在下述情况下才会被使用：如果在产生赤字的国家，为了解决收支问题，其当局愿意引致通货紧缩，并由此带来失业；或者，如果在产生盈余的国家，其当局愿意引致通货膨胀。

3. 通过汇率的变化或者国内物价的变化，可以达成完全相同的结果。比如说，假定在第 2 种机制下，某一款特定汽车的价格在美国下降了 10%，从 2 800 美元降到 2 520 美元。如果 1 英镑的价

格始终是 2.80 美元，这意味着在英国价格将从 1 000 英镑降到 900 英镑（这里忽略运费和其他费用）。如果 1 英镑的价格从 2.80 美元上涨到 3.11 美元，那么，无须美国的价格产生任何变化，英国价格将会出现完全相同的下降。此前，英国人要花费 1 000 英镑才能得到 2 800 美元。现在他只用 900 英镑就能得到 2 800 美元。究竟是因此带来了花费的减少，还是汇率并没有变化，而是由于美国价格的下降产生了同样的减少，他并不会知道这中间的差别。

在实践中，汇率的变化可以通过几个不同的办法得以实现。78
现在很多国家实行的都是固定汇率制，因此可以通过贬值或升值来实现汇率的变化，也就是说，政府正式宣布它将对其固定的货币价格做出改变。还有一种可能性，就是汇率根本就不固定。汇率可以是一种每天都发生变化的市场汇率，例如，1950 年到 1962 年加元的情况就是如此。市场汇率可以是一种主要由私人交易决定的、真正的自由市场汇率，1952 年到 1961 年的加元汇率明显就是这样；或者，政府可能参与投机，操纵市场汇率，就像 1931 年到 1939 年英国的情况，以及 1950 年到 1952 年和 1961 年到 1962 年加拿大的情况。

在这些各不相同的手段中，只有自由浮动汇率是完全自动的，不受政府的控制。

4. 第 2 种和第 3 种机制带来的调整，主要在于商品和服务的流量变化，而这些变化是由国内物价变化或者汇率变化引起的。作为替代，也可以通过政府直接控制或干预贸易来减少美元的支出，并扩大美国的收入。可以提高关税以抑制进口，进行补贴以刺激出口，对众多商品实施进口配额，或者对美国公民或企业的海外资本投资进行控制，等等，甚至是采用外汇管制的全套手段。不仅对私人活动的控制应该被列在这个类目之下，而且出于国际收支平衡的目的而对政府计划进行的改变也必须被包括在内。对外援助的接受者可能被要求必须在美国境内花掉这些援助款；军队可能会在美国境内以更高的花费获取物资，而不是去国外购买，其目的是拯救“美元”(如果我们借用这种自相矛盾的说法)，等等，有一大批类似的令人困惑的做法。

值得注意的重要之处在于，这四个办法中的这一个或那一个将会被采用，而且必须被采用。复式记账的账目必须持平。支出必须等于收入。唯一的问题是如何去做。

79 我们公开宣布的全国性政策一直以来就是而且将继续是：我们不会去做这些事情中的任何一件事。在 1961 年 12 月对全国制造商协会的一次演讲中，肯尼迪总统说，“因此，这届政府班子在任期内——我重复这一点，我把这作为一个直白的声明——没有实施外汇管制、将美元贬值、抬高贸易壁垒或者抑制我国经济复苏的任何打算。”按照这一逻辑，只余下两种可能性：使其他国家采取相关的措施——我们显然无法确保可以诉诸这一办法；或者减少储备，但是总统和其他官员一再强调，不能再允许这种做法继续下去。然而，《时代周刊》报道说，总统的“承诺赢得了”在座的企业家们“热烈的掌声”。就我们公开宣布的政策而言，我们身处的情形，恰似一个入不敷出的人，还坚持说自己不能挣更多的钱，不能花更少的钱，借不到钱，也不能从他的资产中为超支的部分筹到钱！

因为我们不愿意采纳任何一种连贯一致的政策，我们和我们的贸易伙伴——他们也做出和我们一样的鸵鸟式的宣告——最后只得求诸所有这四种机制。在战后初期，美国的储备增加了；近期，储备又减少了。我们欣然地接受了通货膨胀，而如果储备是增加的，我们一般是不会愿意接受通胀的；自 1958 年以来，由于黄金的流失，我们的通货紧缩十分严重，而原本在一般情况下并不会这样。尽管我们没有改变黄金的官方价格，但是，我们的贸易伙伴们改变了它们的金价，因而也改变了它们的货币和美元之间的汇率；为了促成这些调整，美国也在其中施加了一定的压力。最后，我们的贸易伙伴们大量采用直接控制的办法；因为要面对赤字的是我们而不是它们，所以我们也求诸一系列直接干预收支的手段，比如减少游客可以免税带入境的外国商品的数量（这是微不足道但又
极具暗示性的一个举措），要求对外援助的款项必须在美国境内花 80
费掉，乃至阻止军人的家属赴海外与其团圆，以及更严格的石油进口配额。我们也不得不采用有失尊严的办法，即请求外国政府采取特别措施来巩固美国的国际收支平衡。

在这四种机制当中，可以说，无论从哪个角度看，采用直接控制显然都是最糟糕的办法，而且肯定对自由社会的破坏力最大。然而，我们没有采取任何明确的政策，反而不得不越来越依赖于这种或那种形式的直接控制。我们公开宣扬自由贸易的种种好处，但是在国际收支平衡不可阻挡的压力下，我们被迫朝着相反的方向前行，而且有极大的越走越远的危险。我们可以表决通过所有可能的法案以便降低关税；政府可能达成无数多的削减关税的协议；然而，除非我们采用另外一种机制来解决国际收支的赤字问题，否则，我们将不得不用一组贸易障碍来取代另一组贸易障碍——实际上，是把较好的一组换成了更糟糕的一组。尽管关税

是不好的，但是配额和其他直接干预手段更糟糕。关税如同市场价格一样，是客观的，并且不涉及政府直接干预企业运作的问题；而配额很有可能会包括分配划拨和其他行政干预，此外，官员们也因此手握价值不菲的、可以分发给私人利益集团的好处。也许比关税和配额都更糟糕的是法律范围之外的安排，比如日本“自愿”同意限制纺织品出口。

作为自由市场下的解决办法的浮动汇率

只有两种机制是与自由市场和自由贸易相吻合的。一种机制是完全自动的国际金本位制。我们在前一章中已经看到，这种机制既不可行，也不可取。无论如何，只靠我们自己也没办法采用这种机制。另一种机制是自由浮动汇率制。汇率在市场中由私人交
81 易决定，不受政府干预。这才是真正的自由市场下的解决办法，它与前一章所倡导的货币规则互相呼应。如果我们不采用这种机制，那么，不可避免地，我们将无法扩大自由贸易的领域，我们迟早不得不对贸易施加广泛的直接控制。在这个领域，和在其他领域一样，各种条件有可能而且实际上真的会出其不意地发生变化。以下的事情很有可能发生：我们将会度过现下（1962 年 4 月）我们所面临的这段困难时期，而且我们可能发现我们处于盈余而不是赤字的状态，我们在不断积累而不是丧失储备。如果真是这样，这将仅仅意味着其他国家会面临必须施加控制的局面。当我在 1950 年的一篇文章中提议采用浮动汇率制的时候，当时的情形是，欧洲出现收支困难，并伴随着那时所谓的“美元短缺”。出现这

样一种局面，总是有可能的。事实上，预测这样的变化会在何时、以何种形式出现，是十分困难的，而这种困难恰恰是支持自由市场的根本性论据。我们的难题不在于“解决”**一个**国际收支平衡的问题，而在于解决国际收支平衡**这个**问题，解决的方法就是采用一种机制，它能够使自由市场力量针对影响国际贸易的那些条件变化做出及时、有效且自动的反应。

尽管情况看起来十分清楚，自由浮动汇率才是恰当的自由市场机制，但是，只有为数不多的自由主义者强烈支持它，其中大多数都是职业经济学家；许多自由主义者都反对它，尽管他们在几乎所有其他领域都摒弃政府干预和政府定价。为什么会这样呢？其中一个原因很简单，那就是旧有状态的强大统治力。还有一个原因是，真正的金本位制和伪金本位制十分容易被混淆。在真正的金本位制下，对不同国家的货币来说，以他国货币来计算的本国货币的价格，将会是几乎一成不变的，因为不同的货币其实只是与不同数量的黄金相对应的不同名字而已。人们很容易犯以下错误，即认为只要从形式上来说实行对黄金的名义上的尊崇，我们就能
获得金本位制的精髓——其实所实行的只是伪金本位制，此时，对 82
不同国家的货币来说，以他国货币来计算的本国货币的价格是一成不变的，但这仅仅是因为这些价格是在受操纵的市场上被固定下来的价格。另外一个原因是每个人都不可避免地有这样的倾向：赞成对其他人实行自由市场体制，但认为自己应该受到特殊对待。在汇率方面，银行家们尤其受到这种影响。他们想要一种受保障的价格。此外，他们对那些可能出现的、应对汇率波动的市场手段并不熟悉。在一个自由的外汇市场中，专门从事投机和套汇

的公司是不存在的。这是旧有状态的强大统治力得以实现的方法之一。比如,在加拿大,十年的自由汇率使一些银行家接受了一种不同的旧有状态;在赞同继续实行自由汇率、反对固定汇率或政府操纵汇率的人当中,他们一直走在最前列。

我认为,还有一个比上述原因都更为重要的事情,那就是对浮动汇率的经验的一种错误解读,这种错误解读源自统计上的谬误,举一个普通的例子就可以很容易地看清这种谬误。对一个结核病患者来说,亚利桑那显然是他所能去的全美国最糟糕的地方,因为在亚利桑那,结核病的死亡率比其他任何一个州都要高。此处的谬误是显而易见的。在与汇率有关的情形中,谬误就不那么容易看清楚。当各个国家由于国内货币管理不当或者任何其他原因而陷入严重的财政困境时,它们最终都不得不求诸可变汇率这一办法。不管使用多少外汇管制或直接限制贸易的办法,它们都无法把汇率固定在一个与经济现实严重脱轨的水平上。因而,以下情况毫无疑问是合乎事实的:人们经常将浮动汇率制与财政不稳定和经济不稳定联系在一起,比如在发生超级通货膨胀的时候,或者在发生虽然不是超级的但仍然十分严重的通货膨胀的时候(在很多南美国家就出现过这样的通胀),很容易就得出以下结论(许多人都做出了这样的结论):浮动汇率制引起了这种不稳定。

83 赞同浮动汇率制并不意味着赞同不稳定的汇率制。当我们支持在国内实行自由价格机制的时候,这并不意味着我们赞同一种价格大幅度上下波动的机制。我们想要的是这样一种机制:价格可以自由波动,但决定价格的各种力量比较稳定,能够使价格实际上只在合理的范围内变动。这对浮动汇率制来说也同样适用。最终的目标是这样一个世界：汇率可以自由变动，但实际上，汇率是十分稳定的，因为基本的经济政策和条件是稳定的。汇率不稳定是潜在的经济结构之不稳定性的一个症状。通过行政手段冻结汇率，以期消除这种症状，根本无法解决任何潜在的困难，而只会使得适应这些困难的过程变得更加痛苦。

推进自由的黄金和外汇市场所必需的政策措施

下面我将详细说明我认为美国为了推进真正自由的黄金和外汇市场所应该采取的各项措施，这也许会有助于阐明以上所做讨论的具体影响。

1. 美国应该宣布它不再承诺以任何固定价格购买或销售黄金。
2. 应该废除现有的、规定私人持有黄金或买卖黄金为非法的各项法律，以便消除价格限制，使黄金可以按任何价格、用任何其他商品或金融工具（包括其他国家的货币）进行买卖。
3. 应该废除现有的下述法律，该法律规定，联邦储备系统必须持有相当于其债务额的 25％的黄金券。
4. 要完全摆脱黄金价格支持计划，一个主要难题——这与小麦价格支持计划是类似的——是过渡性问题，即政府以往 84
所累积下来的存量应该如何处理。对黄金和小麦两种情形，我的观点都是政府应当立即通过上述 1 和 2 两个步骤来恢复自由市场，并且应当将其所有的存量都处理掉。不过，也许政府将其存量逐渐地处理掉，才是可取的做法。

对于小麦来说，我一直认为五年是足够长的一个时间段，因此我赞成政府承诺在五年中每年处理掉五分之一的存量。对黄金来说，这个时间段似乎也是比较令人满意的。因此，我建议政府在五年的时间内在自由市场上拍卖掉其黄金存量。有了自由的黄金市场，个体可能觉得黄金的仓库存储券比实体黄金更为有用。但是，如果情况真是这样，私人企业无疑能够提供储藏黄金和发放存储券的服务。为什么储藏黄金和发放仓库存储券必须是一个国有化的产业呢？

5. 美国还应该宣布，它不会公布任何官方的美元与其他货币之间的汇率，并且它不会从事任何旨在影响汇率的投机活动或其他活动。汇率都会由自由市场来决定。

6. 作为国际货币基金组织的一员，从形式上说，我们有义务明确规定美元的官方平价，而以上这些措施会与该义务产生矛盾。不过，加拿大未能明确规定平价，但国际货币基金组织也调解了这一情况与其组织章程之间的矛盾，并且同意加拿大实行浮动汇率制。国际货币基金组织没有理由不能针对美国采用同样的做法。

7. 其他国家可能选择使其货币钉住美元。这是他们自己的事情；只要我们不承担以固定的价格购买或销售其货币的任何责任，我们也没有理由提出抗议。若要使其货币成功
85 钉住美元，只能通过采用先前提到的一种或多种办法才能实现——动用储备或积累储备、使其国内政策与美国的政策相配合、收紧或放松对贸易的直接控制。

消除美国对贸易的限制

像我们刚刚描绘的那样一种体制将会一劳永逸地解决国际收支平衡问题。不会再出现赤字问题，不会再需要政府高官向外国和外国中央银行乞求帮助，或者需要一位美国总统表现得像一个备受折磨的乡村银行家一样，试图恢复人们对其银行的信心，或者迫使一个宣扬自由贸易的政府实施进口限制，或者需要牺牲重大的国家利益和个人利益，其原因仅仅是支付时所使用的货币是什么名字这样微不足道的问题。收支总会实现平衡，因为价格——也就是外汇汇率——将会不受约束，而会带来平衡。没有人能够出售美元，除非他能找到愿意购买美元的人，反之亦然。

因此，浮动汇率制将使我们能够有效地、直接地朝着完全自由的商品和服务贸易的方向前进——只除了那些能够以纯粹政治的和军事的理由证明其正当性的、有意而为的干涉，比如禁止向某些国家销售战略性物资。只要我们还坚守固定汇率这一桎梏，我们就不可能明确地朝自由贸易的方向前行。关税和直接控制必须被当作一种可能性加以保留，在必要的时候，它们可以成为逃生阀。

浮动汇率制还有一个额外的优点，即它使得反对自由贸易的最流行的论点的谬误变得显而易见，让人一望即知；该论点声称，
因为其他地方的工资“低”，所以有必要收取关税，以保护我们这里 86
的“高”工资。一个日本工人一小时挣 100 日元，与一个美国工人一小时挣 4 美元相比，是高还是低？这完全取决于汇率。是什么决定汇率？是保证收支平衡的必要性；也就是必须使我们能够销

售给日本人的数额大致等于他们能销售给我们的数额。

为简化问题起见，假定日本和美国是仅有的两个参与贸易的国家。并且在一定的汇率水平上（比如说 1 000 日元等于 1 美元），日本可以以更便宜的价格生产能够进入外贸领域的一切商品。在这样一种汇率水平上，日本人可以向我们销售很多东西，而我们什么也不能卖给他们。假设我们支付美元纸币给他们。日本出口商会用这些美元来做什么呢？他们不能吃美元、穿美元，或者拿美元当房子住。假若他们愿意简单地持有美元，那么印刷业——也就是说印刷美钞——将会成为一个了不起的出口行业。印刷业的出口将使我们所有人能够享有生活中的美好事物，这些东西都将由日本人提供，并且几乎是免费的。

不过，日本出口商当然不会想持有美元。他们会想要卖掉美元，换成日元。不难想象，那些他们用 1 美元能买到的东西，他们其实都可以用不到 1 000 日元（按照假定，1 美元恰可兑换 1 000 日元）买到。对于其他日本人来说，情况也是如此。那么，既然 1 美元比 1 000 日元能买的东西更少，日元持有者为什么会放弃 1 000 日元而换得 1 美元？没有人会这样做。日本出口商为了把他的美元换为日元，就不得不主动提出换取更少量的日元——以日元计的美元价格不得不低于 1 000，或者说以美元计的日元价格应该高于千分之一。但是，在 500 日元等于 1 美元的水平上，对美国人来说，日本商品比以前贵了一倍；而对日本人来说，美国商品则便宜了一半。日本人将不再能够在每样商品上都比美国生产商售价更低。

以美元计的日元价格最终将落在哪个位置上？它将落在如下

一种水平上：这一价格水平可以确保对所有的出口商来说，只要他 87
们愿意，他们就能够把出口商品到美国所得到的美元卖给进口商，而进口商将用这些美元购买美国的商品。宽泛地说，它将落在如下一种水平上：这一价格水平可以确保美国出口货物的价值（以美元计算）等于美国进口货物的价值（也是以美元计算）。这种说法是宽泛的，因为要想做出精确的说明，必须把资本交易、馈赠等也考虑在内。不过这些都不会改变主要的原则。

读者可能会注意到，这里的讨论完全没有提及日本工人或者美国工人的生活水平。这些都是无关紧要的。如果日本工人的生活水准低于美国工人，那是因为考虑到他受过的训练、他所拥有的资本和土地数量等，他的生产效率通常比美国工人低。比如说，如果美国工人的生产效率平均是日本工人的四倍；在有些商品的生产方面，他的生产效率不足日本工人的四倍，若让他生产任何这样的商品，则会是一种浪费。只生产那些他的生产效率较高的商品，然后通过贸易拿它们换取那些他的生产效率较低的商品，才是更好的做法。关税并不能帮助日本工人提高他的生活水准，也不能保护美国工人的高生活水准。相反，关税其实降低日本的生活水准而且阻碍美国的生活水准达到可能有的高水平。

既然我们应该朝自由贸易的方向前进，那我们应该怎样去做呢？我们已经尝试采取的方法是与其他国家协商互惠办法，共同削减关税。在我看来，这似乎是一个错误的程序。首先，这造成进度缓慢。独自前行的人走得最快。其次，这会助长对基本问题的一种错误观点。它使得情况看起来是这样的：关税似乎帮助了那些征收关税的国家，但又伤害了其他国家；当我们削减关税时，我

们似乎放弃了某种好东西，所以应该得到某种东西作为回报，回报
88 的形式就是其他国家削减他们所征收的关税。事实上，情况与此大不相同。我们的关税伤害其他国家，也伤害我们自己。假若我们废除我们的关税，即使其他国家不废除它们的关税，我们也仍将从中获益。[②] 假若其他国家削减他们的关税，我们当然会获益更多；但是，要想让我们获益，并不是非得要求他们削减他们的关税。各自的利益出现重合，但并不冲突。

英国在 19 世纪废除了谷物法；我相信，如果我们像英国一样，采取单边行动向自由贸易迈进，将是更好的做法。像英国人一样，我们将会经历政治实力和经济实力的大幅度提升。我们是一个伟大的国家，出现下面的情况是十分不应该的：先要求卢森堡提供互惠待遇，然后我们才削减对卢森堡产品征收的关税；或者对来自香港的纺织产品实施进口配额，从而让成千上万的人突然失业。让我们努力实现命运对我们的指示，让我们成为领跑者，而不是不情愿的追随者。

为了简便起见，我只谈论了关税问题，但是，正如前面提到过的，比起关税，目前非关税限制可能是对贸易的更为严重的障碍。我们应该把二者都取消。有一个渐进的但可以迅速实施的方案，那就是通过立法规定所有的进口配额及其他数量方面的限制——无论是我们自己实行的还是其他国家“自愿”接受的——每年增加20%，直到它们达到极高的水平，使其变得无关紧要且可以完全被

② 可以想见，对这些说法而言，存在例外的情况；但是，就我所知，这些例外都是理论上的珍奇的小玩意儿，而不是有价值的切实的可能性。

抛开；还要通过立法规定，在接下来的十年当中，所有的关税都以目前的水平为基准每年减少十分之一。

除了上面所述的措施，几乎没有其他措施能让我们为推进国
内外的自由事业做更大的贡献。我们不再需要以经济援助的名义 89
拨款给外国政府（这其实是在推进社会主义），同时又对它们成功生产出来的产品施加限制（这其实是对自由企业的妨碍）——我们将能够采取一种前后一致的、有原则性的立场。我们可以向全世界宣布：我们信仰自由，并且打算实践它。没有人能够强迫你变成自由的。那是你自己的事情。但是我们可以向你提供全面的合作，对所有人一律平等对待。我们的市场是对你开放的。请你到这里来出售你能够和想要出售的东西。请用你的所得购买你想要的东西。通过这种方法，个体间的合作可以变成世界性的，并且是免费的。

第 5 章 财政政策

91 自从新政时期以来，扩大联邦层面的政府活动的一个主要借口就是：据称，政府开支对于消除失业是十分必要的。这一借口经历了几个发展阶段。起初是需要政府开支以便“刺激经济发展”。暂时性的开支将会使经济步入正轨，然后政府就可以退出舞台。

最初的政府开支未能消除失业，而紧随其后在 1937—1938 年发生了一次严重的经济紧缩；这时，“长期停滞”理论发展起来了，它被用来证明长期高水平的政府开支是正当的。它辩称，经济已经变得成熟了。投资机会在很大程度上已经被利用殆尽，也没有可能出现什么新的重大的投资机会。然而个体依旧想要储蓄。因此，政府不断支出并且长期维持赤字状态，就是十分必要的。为了解决赤字问题，政府发行债券，这些债券为个体提供了积累存款的办法，而同时，政府开支也提供了就业。理论分析已经彻底证明这种观点不可信，而实际的经验更是将其推翻——其中包括如下经验，即出现了全新的私人投资领域，它们是长期停滞论的支持者做梦都没有想到过的。然而，这种观点的影响犹存。可能不再有人接受这样的想法，但是以它的名义实施的政府计划，像一些旨在刺激经济发展的计划，仍然在我们身边如影随形，而且实际上正是这些计划使得政府开支一直不断增加。

近来，被强调的重点不再是政府开支要刺激经济发展，或者它要遏制长期停滞的幽灵，而是政府开支要充当平衡轮。据说，如果出于任何原因私人开支下降了，那么政府开支应该增加，以便使总开支保持稳定；反过来，当私人开支增加的时候，政府开支则应该下降。不幸的是，这个平衡轮本身就是失衡的。每一次的衰退，不论多么微不足道，都使政治上很敏感的立法者和行政官员们颤抖 92
不已：他们总是心有恐惧，认为此种衰退可能是 1929—1933 年危机重演的前兆。他们匆忙制订这样或那样的联邦开支计划。事实上，许多计划都是在衰退过去了之后才开始生效的。因此，就它们确实影响了总开支（我在后面还会详细谈到总开支问题）的情形而言，它们往往会使接下来的经济扩张变得更糟糕，而不会减缓经济衰退。虽然政府开支计划以极快的速度得到通过，但是，当衰退已经过去、经济开始扩张的时候，这些计划以及其他方案却没有以同样快的速度被废止或被撤销。相反，这个时候，又会有人争辩说，不应该削减政府开支，这会“损害”“健康”的经济扩张。因此，平衡轮理论的主要危害，并不在于它未能抵消经济衰退（它确实未能做到这一点），也不在于它使得政府政策出现通货膨胀的偏向性（它确实诱发了这一现象），而是在于它持续不断地助长了联邦层面政府活动范围的扩大，在于它阻碍了联邦税收这一重负的削减。

考虑到对联邦预算作为平衡轮的特别强调，下述情况颇具讽刺性：在战后，国民收入中最不稳定的组成要素就是联邦开支，而且从方向性上来说，其不稳定性也根本没有在抵消其他开支类组成要素的变动方面起到任何作用。联邦预算远不是一个平衡轮，也没有抵消其他引起波动的力量，如果真要说的话，它本身就一直是紊乱和不稳定的一个主要来源。

对作为整体的经济来说，目前联邦政府的开支是其非常大的一个组成部分，因此，联邦政府不可避免地对经济有举足轻重的影响。因而，第一件必须要做的事情就是政府做出自我改进，采取必
93 要措施，使它自己的开支流变得比较稳定。如果政府愿意这么做，那它无疑是为减少在经济的其他领域必须进行的调整做出了贡献。在政府这样做之前，政府官员用老师管教不听话的小学生那种自以为是的语气说话，将是十分荒唐可笑的。当然，他们会用这样的口气说话并不令人惊讶。推卸责任、自己有缺点却怪罪别人这样的恶习也不是由政府官员所垄断的。

即使要接受以下的观点：联邦预算应当而且能够被当作一个平衡轮（我在后面还会详细讨论这个观点），也没有必要非得将预算的开支方面用于这一目的。预算的税收方面也是同样可以利用的。国民收入的下降会自动使联邦政府的税收收入以更大的比例减少，因而使预算朝赤字的方向移动；在繁荣时期，情况则相反。如果想要做得更多，可以在经济衰退时降低税收，在经济扩张时提高税收。当然，政治也很有可能在这里强加一种不对称，以使税收的降低从政治角度看比税收的提高更加合意。

如果在实践中平衡轮理论被应用在了预算的开支方面，那是因为存在着其他的力量助推政府开支的增长；尤其是知识分子们广泛地接受了这样一种观念：政府应该在经济事务和私人事务方面起到更大的作用；也就是说，福利国家之哲学获得了巨大成功。平衡轮理论是对这种哲学十分有帮助的一个盟友；正因为有了它，政府干预才以更快的速度发展起来。

假若平衡轮理论没有被应用在开支方面，而是被用在了税收

方面，那么现在情形会是多么不同！假设在每次经济衰退时政府都降低税收，并且假设在接下来的经济扩张时期，提高税收在政治上非常不受欢迎，导致对新提出的政府开支计划的抵制，以及对既有政府开支计划的限制。那么，我们现在将会身处这样一种情形：联邦开支将耗费少得多的国民收入，而且，因为税收的压抑性、阻 94
碍性影响被减弱，国民收入也将更高。

我要赶紧补充一下：这个白日梦不是要用来说明对平衡轮理论的支持。在实践中，即使那些影响是朝着平衡轮理论预期的方向发展，它们在时间上及传播范围上也会受延误。要想让它们有效地抵消助推经济波动的其他力量，我们必须能够提前很久就预测出那些波动。与货币政策的情形一样，在财政政策中，抛开所有的政治考虑不谈，我们根本就没有足够的知识，没办法把经过深思熟虑的税收或开支变化当作灵敏的、起稳定作用的装置加以运用。在企图这样做的过程中，几乎可以肯定，我们会使事情变得更糟糕。我们会使事情变得更糟糕，并不是因为我们总是做出反常的错误判断——这个问题很容易解决，一开始觉得应该做什么事情，只要做与之相反的事情就可以了。我们会使事情变得更糟糕，是因为我们会引入一种大体上无规律可循的紊乱情况，而这仅仅是给其他紊乱情况又多添上一笔。事实上，这似乎就是我们过去所做的事情——当然，除此之外我们还曾犯过严重违反了常识的重大错误。我在别处写过的关于货币政策的一段话，也同样适用于财政政策：“我们所需要的，不是驾驶经济之车的技术高超的货币司机，我们不需要这样的司机不停地转动方向盘，以期应对路上出乎意料的、无规律可循的状况；我们需要的是某种手段，用以阻止

坐在后座、起稳定作用的货币乘客偶尔探起身猛推一下方向盘，使车子偏离大道。”①

95 对财政政策来说，与货币政策方面的货币规则相对应的应该是如下做法：完全按照社会希望通过政府（而不是通过私人的办法）做什么来制订开支计划，丝毫不考虑每年的经济稳定性问题；拟定适当的税率，以便提供足够的税收用于开支计划，并且不用考虑经济稳定性的逐年变化情况；避免政府开支和政府税收的不规则变动。当然，有些变动可能是不可避免的。国际形势的突然变化可能迫使我们大幅度增加军费开支，也可能让我们如愿以偿地削减军费开支。这样的变化可以解释战后联邦开支的一些不规则变动。但它们并不能解释所有的不规则变动。

在结束财政政策这个话题之前，我想讨论一下下面这个目前被广为接受的观点：政府开支相对于税收收入而言的增加，必然是扩张性的，而其减少则必然是紧缩性的。这个观点是这样一种看法的核心，即认为财政政策能够起到平衡轮的作用；现在，无论是企业家、专业经济学家还是外行人，几乎都把这个观点当作理所当然的。然而，仅通过逻辑上的考量并不能证明该观点的真实性，也没有经验证据证明它，事实上，它与我所了解的相关经验证据是有出入的。

这种看法源于一种粗略的凯恩斯主义分析。假设政府开支增加了 100 美元而税收没有变化，那么，这种简单的分析认为，在第一回合，获得这额外的 100 美元的人，收入就增加了 100 美元。他

① 《货币稳定方案》，纽约：福特汉姆大学出版社 1959 年版，第 23 页。

们会把其中一部分——比如说三分之一——存起来，把剩余的三
分之二花掉。但是这意味着在第二回合，另外一个人获得了额外
的六十六又三分之二美元的收入。而这个人又会存起来一部分又
花掉一部分，如此不断地循环下去。如果在每个阶段都有三分之
一被存起来，三分之二被花掉，那么按照这种分析，这额外 100 美
元的政府开支最终将会给收入带来 300 美元的增加。这是一种简
单的凯恩斯主义乘数分析，其中乘数是三。当然，如果只有一次资 96
金投入，其效果会渐渐消失，收入方面最初会有 100 美元的提升，
随之而来的，是收入逐渐下降到原来的水平。但是，如果政府开支
在每个单位时间内都高出 100 美元，比如说每年都高出 100 美元，
那么，按照这种分析，收入每年都会高出 300 美元。

这一简单分析极其富有吸引力。但是，这种吸引力是虚假的，之所以会产生这种吸引力，是因为忽略了我们所讨论的变化带来的其他相关影响。如果把这些影响也考虑进来，最终的结果是十分不确定的：会有许多种可能性，比如收入根本没有变化，在这种情况下，政府开支增加 100 美元，但私人开支会下降 100 美元；结果也可能是上文所述的收入增加 300 美元。而且，就算货币收入增加了，物价也可能会上升，所以实际收入的增加会变少，或者根本不会增加。让我们来考察一下这当中可能会出现的一些纰漏。

首先，上文的简单叙述中并没有说明政府的 100 美元花在了哪方面。比如，假定这 100 美元花在了个体原本打算为自己买的东西上。比方说，个体原本要花费 100 美元支付公园门票，公园用这笔钱来支付维护公园清洁的工作人员的成本。假设现在由政府

来支付这些成本，让人们可以“免费”进入公园。公园工作人员仍然获得同样的收入，但是原来买门票的人们现在有了 100 美元可用。即使在初始阶段，政府开支也没有给任何人的收入带来 100 美元的增加。政府所做的，是使一些人有 100 美元可以用于公园以外的其他用途，而且他们很有可能不那么重视这些用途。可以预见到，他们从总收入中拿出来用于消费品的花费比以前少了，因为现在他们可以免费享受公园的服务。至于少了多少，就不好说了。即使我们接受上面简单分析所说的人们会把额外收入的三分
97 之一存起来，那也不能得出结论说，当人们“免费”获得一组消费品时，所释放出来的钱的三分之二会被花费在其他消费品上。当然，一个极端的可能性是，人们会像以前一样继续购买同样的其他消费品，同时把释放出来的 100 美元存起来。在这种情况下，即使在简单的凯恩斯主义分析中，政府开支的效果也完全被抵消了：政府开支上升了 100 美元，私人开支下降了 100 美元。或者再举一个例子，这 100 美元可能被用于修一条公路，而有一个私人企业原本打算修这条路，或者有了这条路该企业的卡车就不必维修了。于是，该企业有一些资金被释放出来，但是它可能不会把所有释放出来的资金都用在那些不怎么吸引人的投资上。在这些情形中，政府开支仅仅使私人开支发生了转移，而且，从一开始也就只有政府开支的净超出额可以供乘数发挥作用。从这个角度看，会出现下列不可思议的情况：要想确保不发生转移，最好的办法是让政府把钱花在完全无用的事情上——这就是“挖洞再填洞”类型的人为创造的无用功所具有的有限的内涵。当然，这本身就说明，这种分析是有问题的。

其次，在上文的简单叙述中，并没有说明政府支出的 100 美元是从哪里得来的。就这个分析而言，无论政府是印刷额外的钞票，还是向公众借款，结果都是一样的。但是政府到底采用了哪种办法，肯定会产生很大的影响。为了把财政政策和货币政策区别开，让我们假定政府借了 100 美元，这样，货币存量会与没有政府开支时的存量一样。做这样的假定是合适的，因为，其实不用额外的政府开支就可以增加货币存量（如果真想这样做的话），方法很简单，就是印刷钞票然后用它来购买尚未售出的政府债券。但是，现在
我们必须要问，借款的影响是什么。为了分析这个问题，让我们假 98
定不会出现转移，所以，首先不会出现私人开支的补偿性下降直接将 100 美元抵消掉。要注意的是，政府借款后用于支出，并不会改变私人手中的货币量。政府右手从一些个体那里借到 100 美元，然后左手把钱交给另外一些个体，政府开支就这样流向他们。不同的人持有货币，但是人们持有的货币总量不变。

简单的凯恩斯主义分析暗含着这样的假定：借入货币不会对其他支出产生任何影响。在两种极端的情形之下，会出现这种假定的情况。首先，假设人们对持有债券还是持有货币完全不在乎，因此，用来获得 100 美元的那些债券能够被卖掉，而且向买者所提供的收益也不必比这种债券此前的收益更高。（当然，100 美元数额太小，事实上它对人们所要求的收益率的影响将是微不足道的，但这是一个关于基本原理的问题，只要让 100 美元代表 1 亿美元或者 10 亿美元，就可以看出它的实际影响。）用凯恩斯主义的术语来说，存在着“流动性陷阱”，因此人们会用“闲钱”来购买债券。如果情况不是这样——显然情况也不可能无限期地如此——那么，

政府只能通过提供更高的收益率来卖掉债券。这样一来，其他的借款人也不得不支付更高的收益率。一般来说，这种更高的收益率会阻挡住那些准借款人的私人花销。那么这里就出现了简单的凯恩斯主义分析能够站得住脚的第二种极端情形：如果潜在的借款人对花销十分固执，无论利率有多高，无论利率再怎么上涨，他们也不会削减开支，或者用凯恩斯主义的术语来说，如果投资的边际效用表对利率完全无弹性的话。

在我所认识的有成就的经济学家里，没有一个人——无论他
99 认为自己是多么坚定的凯恩斯主义者——会认为这两种极端假定中的任何一个现在站得住脚，或者在借款数额十分巨大或利率大幅上涨的情况下还能够站得住脚，或者曾经站得住脚(除了历史上某些很特殊的情形以外)。然而，许多经济学家，更不用说非经济学家，无论他们是否把自己当作凯恩斯主义者，他们都觉得以下观念是确凿无疑的，即政府开支相对于税收收入而言的增加——即使是通过借款才筹得资金——**必然**是扩张性的；尽管正如我们所见，这一观念其实要求两种极端情形之一必须站得住脚。

如果两种极端假定都站不住脚，那么政府开支的增加将会被私人开支的下降所抵消，这种下降可能来自那些把资金借给政府的人，也可能来自那些原本想借走这些资金的人。在政府开支的增加部分中，有多少会被抵消掉呢？这取决于货币持有者。在严格的货币数量论中，暗含着这样一个极端假设：人们希望持有的货币数量通常仅仅取决于他们的收入，而不取决于他们从债券和类似证券中能够获得的收益率。在我们讨论的这个情况中，因为总的货币存量前后没有变化，所以总的货币收入也必须前后一致，以

便使人们心满意足地持有货币存量。这意味着，利率上升的程度必须足以使它所阻挡住的私人开支数额恰恰等于公共开支增加的额度。在这种极端的情况下，政府开支在任何意义上都不是扩张性的。就连货币收入都没有增加，更不用说实际收入了。所发生的事情，就只是政府开支增加而私人开支下降了。

我要告诫读者们，这是一个高度简化的分析。要做全面的分析，必须得写一本厚厚的教科书。但是，这样一个简化的分析就足以说明，最终结果可能是收入增加 300 美元和收入零增加二者之间的任何一种情形。对于给定收入的情况下花多少钱用于消费这个问题消费者越固执、对于无论成本高低花多少钱用于资本品这 100
个问题资本品购买者越固执，那么结果就会越接近于凯恩斯主义的极端，即收入增加 300 美元。另一方面，对于在现金余额和收入之间维持何种比例这个问题货币持有者越固执，那么，结果就会越接近于严格货币数量论的极端，即收入毫无变化。至于公众究竟在前述哪个问题上更固执，这是个经验问题，只能通过事实证据进行判断，不能仅凭理性决定。

1930 年代大萧条之前，大部分的经济学家毫无疑问都会得出结论，认为结果会更接近于收入零增加，而不是收入增加 300 美元。大萧条以来，大部分的经济学家毫无疑问都会得出相反的结论。近来，出现一种趋势，即返回先前的那种立场。可悲的是，这些立场的变动没有一个是以令人满意的证据为基础的。它们都是建立在从粗略经验得出的直觉性判断之上。

我曾与我的一些学生合作，对美国和其他国家进行了较为广泛的经验性研究，以期获得更令人满意的证据。[2] 结果非常引人注目。它们有力地说明，实际结果将会更加接近货币数量论的极端，而不是凯恩斯主义的极端。以此种证据为基础，似乎可以比较有把握地得出如下判断：一般说来，假定的政府开支 100 美元的增加，预计可以为收入带来大约 100 美元的增加，有的时候少一些，
101 有的时候多一些。这意味着政府开支相对于收入而言的增加在任何相关的意义上都不是扩张性的。它可能会使货币收入增加，但所有这样的增加都是由政府开支承担的。私人开支不发生变化。因为在这样的过程中，物价可能会上升，或者物价下降的幅度没有原本可能的那样大，结果私人开支按实际程度衡量其实缩小了。如果政府开支降低，相反的那些命题便会成立。

当然，不能把这些结论当成最终定论。它们以大量的证据为基础，这些证据是我所知道的最广泛、最详尽的证据，但是这些证据还有很多尚待改进之处。

但有一件事是显而易见的。无论被广为接受的关于财政政策效果的观点是对是错，至少有一大批证据反驳了这些观点。而据我所知，没有任何一批条理清晰、组织有序的证据证明这些观点的正确性。这些观点是经济中虚构事实的一部分，不是由经济分析或数量研究证明过的结论。然而，它们拥有非常强大的影响力，取得了公众对政府干预经济生活的影响深远的干预取得了广泛的广泛支持。

② 其中一部分结果见于：米尔顿·弗里德曼和大卫·迈泽尔曼（David Meiselman）《美国的投资乘数以及货币流通速度的相对稳定性，1896—1958 年》（*The Relative Stability of the Investment Multiplier and Monetary Velocity in the United States, 1896—1958*），即将由货币和信贷委员会出版。

第 6 章　政府在教育中的作用

如今，正式的学校教育都是由政府机构和非盈利机构支付费 103
用的，并且几乎完全由他们来管理。这样的局面是逐渐形成的，现在人们已经将其视为理所当然，以至于人们几乎不再特别留意为什么以这种特殊的方式进行学校教育，哪怕在这些国家里自由企业在组织原则和哲学理念方面都占主导地位。最终的结果是政府责任的恣意扩张。

按照第 2 章中阐述的两个原则，可以基于两个理由将政府对教育的干预合理化。第一个理由是存在着不容忽视的“邻里效应”，也就是说，存在以下情形：一个个人的行为会给其他个人带来巨大的成本，然而让该个人补偿其他人又行不通；或者一个个人的行为给其他个人带来巨大的好处，然而让其他人补偿该个人也行不通；总之，就是那些使自愿交换无法实现的情形。第二个理由是针对儿童和其他不能自负责任的个人的家长式关切。邻里效应和家长式思想在以下两个领域有着大不相同的影响：一是针对公民的一般教育，二是专业化的职业教育。在这两个领域中进行政府干预的理由迥然不同，这些理由想要解释的行为类型也大不相同。

还要在这个开场白里再补充一句：区分“学校教育”(schooling)和“教育”(education)是很重要的。并不是所有的学校教育都是教育，也并不是所有的教育都是学校教育。我们真正应该关注的主题是教育。而政府活动主要局限于学校教育。

公民的一般教育

如果大多数的公民不具有最低程度的识字能力和知识，如果
104 某些共同的价值没有得到广泛的接受，那么就不可能有一个稳定而民主的社会。教育能为实现这二者做出贡献。因此，一个儿童接受教育，不仅对他自身和他的父母有益，而且社会的其他成员也从中受益。我的孩子接受教育会对你们的福利有所贡献，因为这会促使社会更加稳定和民主。要找出到底是哪些个人(或者家庭)从中得到了好处并就这些服务向他们收取费用，是行不通的。因此就存在着不容忽视的“邻里效应”。

用这种特殊的邻里效应可以证明何种政府行为的正当性呢？最显而易见的是要求每个儿童都必须接受指定种类的、最低限度的学校教育。政府可以强迫家长遵守这项要求，而不采取进一步的行动；正如拥有楼房的人(有时候还有拥有汽车的人)会被要求遵循明确的标准以保护其他人的安全。然而，这两类情况还是有区别的。如果个人支付不起费用，无法达到为楼房和汽车规定的标准，那他们往往可以出售该项财产，将其处理掉。因此，一般来说，无须政府补贴，相关要求就可以得到强制执行。如果因为家长不能支付政府要求的最低限度的学校教育就把儿童和家长分离开，显然不符合我们的宗旨，即我们一向依赖家庭作为社会的基本单位，并且我们一向信仰个人的自由。此外，这种做法极有可能对

教育这名儿童成为自由社会之公民产生负面影响。

就算社会上大多数的家庭都能够轻松地承受由这种强制规定的学校教育带来的财务负担,要求家长直接支付学校教育的费用,可能也还是可行且可取的。对于极端的情况,可以通过向贫困家庭提供特殊补贴来解决。如今,美国的许多地区都满足这些条件。在这些地区,强制要求家长直接支付费用将是非常可取的。这样,有一些政府机构就可以被撤销,这些机构现在负责向所有的居民 105
终生征税,然后将钱返还给大致相同的那批人,供他们的孩子上学期间使用。这也会减少政府插手管理学校的可能性,下文还会讨论这一问题。另外,这也会使以下情形更有可能发生:随着总体收入水平的提高,对补贴的需要减少,因此学校开支中的补贴成分会下降。如果像现在这样,由政府支付所有的或大部分的学校教育,那么,收入增加所带来的,将只会是更多的资金在税收机制里循环流动,以及政府职能的继续扩张。最后——但并非最不重要——强制要求家长支付费用将会使生养孩子的社会成本和私人成本均等化,因而促使家庭规模的分布更加合理。[①]

每个家庭的财力不同,孩子个数也不同,再加上强制规定的学校教育标准涉及相当大的花费,这些情况使得让家长直接支付费用的政策在美国的很多地方几乎行不通。但是,在这样的地区,以及在此种政策行得通的地区,政府都为提供学校教育承担了财务

① 该措施真的可能会显著影响家庭的规模——这一点并不像看起来那么不可思议。比如说,比起社会—经济地位较低的群体,社会—经济地位较高的群体出生率更低,对此现象一个可能的解释就是,对后一群体来说,生养孩子相对更加昂贵,而这很大程度上是因为该群体接受的是更高标准的学校教育,且费用是他们自己承担的。

费用。政府不仅支付了针对所有儿童的最低限度的学校教育，它还支付了额外的针对更高年级的青少年的学校教育，尽管这种学校教育并不是强制性的。前面讨论过的“邻里效应”可以被当作这两种做法的一个论据。政府之所以支付费用，是因为这是强制实行最低限度学校教育的唯一可行的手段。政府还出资提供额外的学校教育，因为让那些更有能力和志趣的人获得学校教育，将使其
106 他人从中获益；这是培养更好的社会领导者和政治领导者的一个方法。当然，必须对这些措施的收益和成本进行权衡，而且对于补贴的范围应该有多大这一问题，人们的判断确实可能十分不同。但是，我们当中的大多数人可能都会得出结论，认为收益是相当大的，这足以证明应该采取一定程度的政府补贴。

这些理由只能证明政府应该对某些类型的学校教育进行补贴。可以想见，它们并不能证明政府应该对纯粹的职业训练进行补贴，从经济方面看，这种职业训练可以提高学生的生产率，但并不能培养学生成为公民或者领导者。想要在这两种类型的学校教育之间划出明确的界限，是极其困难的。大多数的普通学校教育都会增加学生的经济价值——事实上，只有在现代、在少数的几个国家当中，读写能力才不再具有在市场上销售的价值。同时，大量的职业训练可以拓宽学生的视野。但在二者之间做出区分是很有意义的。证明应该对兽医、美容师、牙医以及其他许多专业人士的训练进行补贴（在美国，在政府资助的许多教育机构中，这些专业训练就得到了补贴），与证明应该对小学或者更高层次的文科学院进行补贴，不可能基于完全相同的理由。本章后面将会讨论是否能用与此十分不同的理由来证明应该对专业训练进行补贴。

当然，关于“邻里效应”的性质的讨论，并不能决定应该对哪些具体类型的学校教育进行补贴，或者应该给予它们多少补贴。对最低层次的学校教育进行补贴，社会收益可能是最大的，随着学校教育层次的提高，社会收益会不断下降。就连这种说法，也不能想当然地认为它是完全正确的。很多政府早在补贴低层次的学校之前就已经对大学进行补贴了。什么形式的教育对社会最为有益，以及应该从有限的社会资源中拿出多少用于这些形式的教育——这些问题必须按照整个社会的判断来决定，而这种判断应该通过
社会能接受的政治渠道表达出来。这里所做的分析的目的并不是 107
替社会就这些问题做出决定，而是把做决定的过程中涉及的各种问题弄清楚，尤其要弄清以社会为基础而不是以个人为基础做出决定是否恰当。

正如我们所看到的，强制规定最低限度的学校教育，以及由国家为这样的学校教育提供资金，二者的正当性都可以用学校教育的“邻里效应”来证明。但是，我们却难以用这些理由来证明以下这一举措的正当性，即由政府来对教育机构进行实际管理，或者说将“教育产业”的大部分“国有化”；而且我认为也没有别的任何理由可以证明其正当性。人们很少坦率地正视此种国有化是否可取这一问题。大体上，政府对学校教育的资金支持，一般都是采取直接支付教育机构的运营费用这样的形式。因此，看起来这一举措似乎是对学校教育进行补贴这一决定的必然要求。然而，这两个举措其实可以轻而易举地被分离开来。政府可以规定最低限度的学校教育，并通过以下方式提供资金：政府向家长发放票券，如果将其用在“经过认可”的教育服务上，则针对每个孩子每年最多可

以此种标券兑换一笔指定金额的款项。然后，家长可以自由做决定，用这笔款项和他们自己额外拿出的款项购买他们自己选定的、由“经过认可”的机构提供的教育服务。提供教育服务的，可以是以营利为目的的私人企业，也可以是非营利机构。政府的作用将仅限于以下方面，即确保学校达到特定的最低标准，比如在其教学大纲中囊括最低限度的共同内容，正如现在政府会对饭店进行检查，以确保它们维持最低限度的卫生标准。这种类型的方案有一个绝佳的例子，那就是“二战”后美国的退伍军人教育方案。每位符合要求的退伍军人每年最多可获得一定数额的款项，这笔钱可
108 以被用于他所选定的任何机构，前提是该机构达到特定的最低标准。还有一个局限性较大的例子，那就是英国的一项规定，要求地方当局为一些不在公立学校读书的学生支付费用。还有一个例子是法国的一种特别安排，即由国家支付不在公立学校读书的学生的一部分费用。

支持基于“邻里效应”而将学校国有化的一个论点就是，如果不这样做，可能就无法提供社会稳定所必不可少且共同的价值核心。像前文所说的那样，针对私人运营的学校规定最低标准的做法，可能不足以实现此种结果。可以通过由不同的宗教团体运营的学校来具体阐明这个问题。从某种程度上说，不同的教会学校给学生灌输的价值观是不一致的，而教会学校与非教会学校给学生灌输的价值观也是不一致的；如此一来，教育就变为一种起分化作用而不是起统一作用的力量。

如果把这种论点推向极端，那么，它可能不仅要求政府管理学校，还要求学生必须被强制在这样的学校就读。美国和大多数西

方国家现有的安排都是折中的办法。存在政府管理的学校可供学生选择，但这并不是强制性的。但是，对学校教育的资金支持与对学校的管理这二者之间的纽带关系，使得其他学校处于不利地位：政府花费在学校教育方面的资金，其他学校只能得到其中很少的部分，或根本得不到——这种局面曾经在政治上引起了很多争议，尤其是在法国，而目前在美国也是如此。有一些人担心，如果消除这样的不利局面，教会学校的力量可能会得到极大的加强，因而使实现共同的价值核心这一问题变得更加棘手。

尽管这一论点十分有说服力，但是，我们并不能清楚明白地说它一定站得住脚，或者说学校教育的去国有化一定会产生我们所
说的那种效果。来看原则上，这一论点与维护自由这件事相矛盾。109
一方面是树立社会稳定所必须且共同的社会价值，另一方面是灌输那些遏制思想自由和信仰自由的东西；这两方面之间的界限很模糊，是那种说起来容易定义起来难的界限。

在效果方面，学校教育的去国有化将会使家长们拥有更大的选择范围。如果像现在一样，家长把孩子送到公立学校去而不用支付任何特殊费用，那么只有非常少的家长能够或者愿意把孩子送到其他学校去，除非这些学校也是受补贴的。教会学校处于劣势，因为它们得不到任何政府用于学校教育方面的公共资金，但是，它们拥有一个补偿性的优势，那就是经营教会学校的机构愿意给予补贴，也有能力筹集到资金。对于私立学校来说，几乎没有其他的补贴来源。假若不论孩子被送到哪所学校，家长都能获得政府现在用于学校教育方面的公共开支，那么将会涌现出多种多样的学校来满足家长的需求。家长将能够通过以下方式直接地表达

他们对学校的看法，即让孩子从一所学校退学，然后把孩子送到另一所学校去；与现在相比，他们将能够更加轻松地做到这一点。一般来说，现在家长只有付出相当大的成本才能做到这一点——方法是把孩子送到私立学校去，或者搬家。除此之外，他们只能通过烦琐的政治渠道表达看法。也许，在一个政府管理学校的体系中，也可能创造出相对更大程度的择校自由，但考虑到政府有义务为每个孩子提供上学的机会，大幅度提高择校自由便是很难实现的。在这里，与在其他领域中一样，比起国有企业或者为其他目的而运营的企业，竞争性的企业在满足消费者需求方面可能要有效率得多。因而，最终的结果可能是教会学校的重要性下降，而不是提高。

还有一个在同一方向上发生作用的相关因素，那就是把孩子
110 送到教会学校去的那些家长，十分不情愿看见政府通过提高税收来为公立学校的开支筹集更多资金，这种不情愿是情有可原的。出于这个原因，在教会学校占有举足轻重地位的那些地区，为公立学校筹集资金存在很大的困难。从质量与经费开支相关联的角度来看——在某种程度上二者无疑是相关的——这些地区的公立学校质量往往更低，因此教会学校相对来说就更具吸引力。

还存在另一个特别的理由，支持以下观点——政府有必要管理学校以便使教育成为一种起统一作用的力量；这个理由就是私立学校往往会加重阶级差异。如果在决定送孩子去哪所学校方面家长有更多的自由，那么，背景、地位相似的家长会把孩子送到相同的学校，从而阻碍家庭背景完全不同的孩子们在同一所学校上学的有益局面的形成。无论这一论点在原则上是否站得住脚，我们并不能清楚明白地说，它所声称的那些结果一定会发生。在现有的安排下，居住地区的分化已经有效阻碍了家庭背景完全不同的孩子们就读于同一所学校。此外，目前把孩子送到私立学校的家长也没有被阻拦。仅有极其有限的阶层能够或者确实把孩子送到私立学校(暂时抛开教会学校不谈)，由此引起进一步的分化。

在我看来，这个论点其实指向一个几乎完全相反的方向，即学校的去国有化。你们可以想一想，一个住在低收入街区(更不用说大城市的黑人街区)的人，在哪个方面处于最不利的地位。如果他真的十分看重某样东西，比如说一辆新车，那么他可以凭借储蓄积攒足够多的钱，去买一辆和住在高收入郊区的人一样的车。他不需要搬到那个郊区就可以做到这件事。相反地，他可以通过住得凑合一点儿来攒下部分资金。买衣服、家具、书，或者其他的东西，都与此同理。但是，假设一个住在贫民窟的穷人家庭有一个天资聪慧的孩子，并且家里对孩子的教育寄予厚望，愿意节衣缩食，省钱供孩子上学。除非为数不多的私立学校中的一所对他们家特别对待，或者为他们家资助奖学金，否则这家人的处境十分困难。那 111
些“好的”公立学校坐落在高收入社区。除了它所缴纳的税款之外，这个家庭也许还愿意再多花一些钱，以便让孩子能接受更好的教育。但是他们不大可能同时搬进昂贵的社区居住。

我相信，我们在这些方面的观点仍然受到小镇思维的影响——在小镇里，不论居民贫穷还是富有，反正只有一所学校。在这种情形下，公立学校确实可能会使教育机会变得均等化。但是，随着市区和郊区的发展，情况已经发生了非常大的变化。我们现在的学校体系非但没有使教育机会均等化，而且极可能起到了相反的作用。现在的学校体系使得少数出类拔萃的人(这些人恰恰是未来的希望之所在)更加难以从他们初始的贫困状态中脱颖而出。

为学校教育国有化辩护的另一个论点是“技术垄断”。在小型社区和农村地区,孩子的数量实在太少,只能开办一所具有相当规模的学校,没有理由成立更多的学校;因此,没有办法依靠竞争来保护家长和孩子的权益。与技术垄断的其他例子一样,可供选择的其他办法是:不受限制的私人垄断,国家管控的私人垄断,以及公共操作——只能在这些糟糕的办法中进行选择。这个论点显然是正当的,而且很有分量,但是,近几十年来,交通运输有了长足发展,城市社区人口也不断聚集,这些都使这个论点更难站住脚。

也许最符合以上种种考虑的安排——至少对于小学和中学教育来说——是公立学校和私立学校的结合。那些把孩子送到私立学校去的家长,将会被给予一笔钱,其数额大致相当于孩子在一所公立学校受教育所花费的成本;前提条件是至少这笔花在教育上
112 的钱要在政府认可的学校里消费掉。这种安排将满足“技术垄断”论点的那些合理要素。它能够满足家长们的合理申诉,即如果他们送孩子去私立的、没有得到补贴的学校,那等于要求他们为教育进行两次支付——一次是以一般税收的形式,另一次是直接支付。这种安排能够为竞争的发展提供条件。因此,它将会促进所有学校的发展和改善。注入竞争的因素,对于推动健康、多样化的学校建设,将大有好处。同样地,这对促进学校体系的灵活性也将大有好处。注入竞争因素的益处还有很重要的一点,即使学校教师的工资反映市场的作用力。因此,政府当局将有一个独立的参照标准,可以据此判断工资规模,并推动针对供求情况变化的更为迅速的

调整。

有很多人主张说，学校教育的一大需求是花更多的钱，以便建造更多的设施、给教师支付更高的工资来吸引更好的教师。这似乎是一个错误的诊断。花在学校教育方面的资金数额以非常快的速度增长，比我们总收入的增长要快得多。与其他类似职业的收入相较，教师工资的增长也要快得多。主要的问题不在于我们投入的钱太少——尽管可能确实投入的还不够——而是在于我们从投入的每 1 美元中得到的东西太少。也许把花费在诸多学校的宏伟建筑和阔气场地上的钱归为学校建设支出是合理的。但把这些支出也当作教育支出就让人难以接受了。很显然，同样的道理也适用于那些篮筐编织课，社交舞蹈课，以及数不清的其他特殊科目课程（这都要归功于教育家们的才干）。当然，我必须补充一点，即家长们如果愿意把他们自己的钱花费在这些华而不实的课程上，其实并没有什么理由反对他们。那是他们自己的事情。我们反对的是为了这样的目的而花费由税收得来的钱——税收是对有孩子和没孩子的人一视同仁征收的。这样花费税收得来的钱能产生什么样的“邻里效应”，以证明此种花费的合理性呢？ 113

以这种方式花费公共资金的一个主要原因是现行体制将学校管理和学校筹资结合在了一起。如果一个家长希望资金花费在更好的老师和教材上面，而不是花费在体育教练和走廊上面，他没有办法表达他的这一偏好，除非他能说服大多数的人一起做出变革。这其实是一个个案，反映了以下普遍原则，即市场允许每个人满足他自己的品位（有效的比例代表制），而政治程序强制要求服从。此外，那些愿意为孩子的教育额外多花费一些钱的家长，会受到很大的限制。他没办法在让孩子受教育的现有花费上添一点钱，把孩子转送到一所学费更高的学校去。如果他让孩子转学，那么他必须承担所有的花费，而不仅仅是额外添一点钱。只有在课外活动方面，比如舞蹈课、音乐课等，他才能比较容易地额外花费一些钱。由于为学校教育支付更多钱的私人途径受到严重阻塞，为孩子的教育花费更多钱的压力就表现在日益增长的公共开支上，而这些开支都用在了与政府干预教育的基本理由越来越不相干的项目上。

以上分析表明，如果采用我们所建议的那些安排，很可能意味着政府在学校教育方面的开支减少，然而总的学校教育开支则会增加。这将使家长们能够更有效率地购买他们想要的东西，由此引导他们消费得更多，比目前直接地以及间接地通过税收而花费的还要多。这将使家长们不再为花费更多的钱用于学校教育而倍感沮丧。他们之所以感到沮丧，一方面是由于目前钱要怎么花必须服从统一的安排；另一方面是由于那些目前没有孩子在上学的人，尤其是那些将来也不会有孩子去学校上学的人，他们很不情愿在自己身上强加更高额的税，用于与他们所理解的“教育”常常相
114 距甚远的用途上（这种不情愿也是可以理解的）。[②]

至于教师的工资，主要问题不是平均而言工资太低——事实

② 英国国民医疗服务体系（National Health Service）是另一领域的、具有相同效果的显著实例。利斯（D. S. Lees）在其仔细而深入的研究中确凿地论证了“国民医疗服务体系的开销根本谈不上奢侈，与消费者们在一个自由的市场中本可能花费的钱相比，国民医疗服务体系的开销其实更少。医院建筑的开销记录尤其难以令人满意。”［《通过选择获得健康》［（Health Through Choice），*Hobart Paper* 14，伦敦：英国经济事务所（Institute of Economic Affairs），1961 年，第 58 页］

上平均而言教师工资很可能是太高了——而是工资太整齐划一、太僵化。不好的老师挣的钱多得过分，好老师挣的钱少得过分。薪金制度往往是千篇一律的，而且工资更多地是由资历、学历、教师资格证书决定的，而不是由能力决定的。在很大程度上，这种情况也是政府管理学校这一现行体制的结果；政府施加控制的范围越大，情况就变得越发严重。实际上，这一事实恰恰是职业教育组织强烈主张扩大控制范围（从地方学区扩大到州，从州扩大到联邦）的主要原因。在任何官僚化的且从根本上说是公共服务性质的组织当中，实行标准的工资等级制度几乎是不可避免的；想要引入以能力为依据、使工资产生明显差异的竞争，简直就是不可能的。结果，教育者们，也就是说教师自己，掌握了主要的控制权。而家长或者地方社区只掌握极少的控制权。在任何领域，无论是木匠活、水暖维护，还是教书，大部分的工作者都更喜欢标准工资等级制度，而反对以能力为依据的工资差别；原因显而易见——特别有才能的人总是很少的。这其实是以下一般倾向的一个特例——人们总是试图勾结串通起来以便限定价格，要么是通过联
合会的形式，要么是通过工业垄断的形式。但是，串谋性质的协议 115
通常都会被竞争所挫败——除非政府强制执行串谋协议，或者至少对这些协议给予大力的支持。

如果特意想要设计出一种教师的招聘及工资支付体制，以便排挤那些有想象力的、锐意进取的和自信的人，并吸引那些无趣的、平庸的和拘泥僵化的人，那么只需要模仿在较大的市级和州级机制中发展起来的、要求各种教师资格证并强令执行标准工资结构的体制就可以——简直没有更好的办法了。在现行体制下，小

学和中学教学能力的水平能达到目前这样的高度，也许都十分令人称奇了。我所提倡的另外那种体制将解决现有的这些问题，并使竞争得以发挥作用，奖励表现突出的人，吸引有能力的人当教师。

为什么对于学校教育的政府干预在美国会以其走过的那种路线发展起来？必须拥有十分深入的教育史方面的知识，才能够确切地回答这个问题；而我没有这样的学识。不过，有几个猜想也许会对揭示当初的种种考量有所帮助——可能正是这种种考量改变了本应采取的合理的社会政策。我无法肯定地说，我现在提议的这些安排在一个世纪以前也会是十分可取的。在交通运输出现长足进步以前，关于“技术垄断”的论据比现在更有分量。同样重要的是，在 19 世纪以及 20 世纪初，美国的主要问题不是促进多样性，而是创建一套对一个稳定社会而言至关重要的、核心性的共同价值。从世界各地涌来的移民浪潮席卷了美国，移民们说的是各种不同的语言，恪守的是多种多样的习俗。这个“大熔炉”必须培养对共同价值的一定程度的遵从和忠诚。在完成这个任务的过程中，公立学校发挥着重要的作用，而强令英语作为通用语言是其中很重要的一个手段。如果采用我所倡议的那种教育券计划，在学校为了获得政府认可而必须达到的最低标准中，也可以包含“使用
116 英语”这一项。但是，要确保这一要求在一个私立学校体系中得到强制执行并取得满意成果，可能确实会困难得多。我并不打算由此得出以下结论，即公立学校体制一定比我所倡议的那种体制更可取；由此能得出的结论，只是与现在比起来，在那个时候采取公立学校体制有更加充分的理由。如今我们的问题不是强令民众循规蹈矩；事实上我们恰恰有太过循规蹈矩之虞。我们的难题是培

养多样性；而要做到这一点，我所倡议的那种体制将远比一种国有化的学校体制更为有效。

一个世纪以前，还存在另一个举足轻重的因素，那就是以下二者的并存：一方面是对个人的现金拨款（“政府拨款”）往往都有着不光彩的名声，另一方面是缺乏有效的行政运作机制来处理票券的分配并监督票券的使用。这样的运作机制是当代才有的现象，它是随着个人纳税以及社会保障计划的极大普及而全面发展起来的。在这样的运作机制缺位的情况下，对学校的行政管理可能被当成了向教育提供资金的唯一可行办法。

正如前文援引的一些例证（英国和法国）所揭示的，在现有的一些教育体系当中，就包含着我所倡议的那些安排的某些特征。而且在大多数西方国家，都存在着要求采用这种种安排的强大压力；我相信这样的压力还在不断增加。之所以会这样，也许可以用以下理由做出部分解释，即政府行政运作机制在当代不断发展，为这种种安排提供了便利。

在从现行体制向我所倡议的那种体制过渡的过程中，以及在对新体制的管理方面，会出现很多行政管理上的问题；尽管如此，这些问题既非无法解决，也不是独一无二的。与其他事务的去国有化一样，现有的房屋和设备可以卖给那些想要进入该领域的私人企业。因此，在过渡的过程中不会出现资本的浪费。因为政府
部门（至少在某些地区）还会继续管理学校，这种过渡将是渐进且 117
平缓的。美国和其他一些国家是由地方政府管理学校教育的，这也同样会为过渡提供便利，因为小规模的试验将会得到鼓励。下述困难无疑将会出现：决定谁有资格从某个特定的政府部门获得

拨款;不过,这与现存体制中的问题是相同的,即判断为某个特定的孩子提供学校教育设施应该是哪个部门的责任。拨款多少的差异,将会使某个地区比其他地区更具吸引力,正如目前学校教育质量的不同使某个地区比其他地区更具吸引力。唯一一个额外的棘手问题,就是有更大的可能性会出现滥用的情况,因为在决定让孩子去哪里接受教育这个问题上,家长有了更多的选择自由。所谓的行政管理上的困难,只不过是为了维持现状而反对人们倡议的任何变革的一种标准辩护罢了;而对于我们现在所讨论的这个话题,它就更是站不住脚的辩护,因为,现有的各种安排必须应对我所建议的那些安排将引起的主要难题,此外,现有安排还要应对额外的难题,即把学校管理当作一个政府职能而引起的那些难题。

学院教育和大学教育

以上的讨论主要涉及小学教育和中学教育。对于高等教育来说,以邻里效应或者技术垄断为理由而主张国有化,就更加牵强。人们对于民主国家的公民教育方案中,最低层次学校教育应该包含那些内容,有着相当普遍的共识(几乎可以说人们的意见完全一致)——3R* 就基本涵盖了所有内容。而在更高的教育层次上,层次越高,人们的意见越不一致。可以肯定,在美国,即使在学院以下的层次,人们的意见也很不一致,不足以将大多数人——更不

* 即阅读、写作和算术(reading,writing and arithmetic)。——译者

用说只是相对较多的人(a plurality)——的观点强加给所有的人。实际上，人们的意见如此不一致，以至于让人怀疑在学院的层次上补贴学校教育是否真的可取；这种意见不一致足以说明，以培育共 118
同的核心价值为理由而主张教育国有化是没有道理的。在学院这个层次上，也几乎谈不上“技术垄断”的问题，因为人们能够也确实为了去高等院校上学而长途跋涉。

在美国，比起在小学和中学教育层次，政府开办的院校在高等教育领域只发挥比较小的作用。然而公办院校的重要性不断大幅提升，至少直到 20 世纪 20 年代都是如此；目前，在学院和大学就读的学生中，有一半以上就读于公办院校。[③] 公办院校增加的主要原因之一是它们相对而言更便宜；大多数州立和市立的学院和大学收取的学费都比私立大学低很多，私立大学根本没办法收取那么低的学费。结果，私立大学的财务难题一直很突出，它们抱怨“不公平”的竞争也是有道理的。它们想要维持独立性，不依靠政府，然而，与此同时，在巨大的财务压力下，它们也感到有必要寻求政府的援助。

上述分析向我们表明一个令人满意的解决方案可以按照何种思路展开。用于高等教育方面的公共开支是有其合理性的，它们是把年轻人培养成公民和社会活动家的一种手段——不过，我要赶紧补充一下，很大一部分目前用于严格意义上的职业训练的开支，都无法用这个理由或者用任何其他理由(我们将在下文讲到这

③　参见乔治 · J. 施蒂格勒：《就业与教育补偿》(*Employment and Compensation in Education*)，“Occasional Paper” No. 33，纽约：美国经济研究局(National Bureau of Economic Research)，1950 年，第 33 页。

一点)来解释其合理性。没有任何理由能够说明以下做法的合理性,即只有在州立院校接受教育,才能获得政府的补贴。任何补贴
119 都应该是发放给个人的,让个人选择自己要去的院校,花费掉这笔补贴;唯一的条件是此种学校教育应该是值得补贴的。任何保留下来的公办学校都应该收取和教育成本相对等的费用,从而与不受政府资助的学校在平等的层面上竞争。④ 由此得出的体制,大体上将会类似于“二战”后美国在退伍老兵的教育资助方面所采取的那些安排,只不过相关资金很可能来自各州,而不是来自联邦政府。

采用这些安排,将使各种类型的学校能够更有效地进行竞争,并使它们的资源得到更加有效的利用。在使私立院校与州立院校并肩发展壮大的同时,这也将减少私立学院和私立大学向政府请求直接资助的压力,从而使私立院校保持全面的独立性以及多样性。这样做可能还会有一个额外的益处,那就是,所批准的补贴用于何种目的,将受到更加严格的审查。目前对院校进行补贴而不是对人进行补贴的制度,已经导致了对相关院校的所有合法活动都不加区别地给予补贴,而不是只对适宜由州政府补贴的活动进行补贴。哪怕是非常粗略的考察也会表明,虽然这两类活动有部分的重叠,但它们绝不是完全相同的。

我所建议的这种安排有着合理的论据,并且在学院和大学的层次上,该论据尤其清楚明了——因为有大量的、种类繁多的私立

---

④ 我是根据花费在基础性研究上的开支而提炼出这个观点的。我所说的学校教育是狭义的,以便排除其他考虑,避免涉及过于宽泛的领域。

学校存在。例如，俄亥俄州向本州公民宣告说："如果您家里有孩 120
子要上大学，我们将自动向他/她提供一笔可观的、为期四年的奖学金，条件是他/她能够达到非常基本的学业要求，还有一个条件是他/她足够聪明且愿意选择到俄亥俄州立大学就读。如果您的孩子想去，或者您想让他/她去欧柏林学院（Oberlin College）或者西储大学（Western Reserve University），更不用说耶鲁大学、哈佛大学、西北大学、比洛特学院（Beloit）或者芝加哥大学，那么就一分钱也得不到。"有什么理由证明这种方案的合理性？如果把俄亥俄州愿意花费在高等教育上的钱用于设立在任何学院或大学上学都可享受的奖学金，同时要求俄亥俄州立大学在平等的基础上与其他学院和大学进行竞争，岂不是更加公平合理？岂不是能够促进更高标准的学术成就？[⑤]

职业学校教育和专业学校教育

职业（vocational）学校教育和专业（professional）学校教育没有上文提到的一般教育所具有的那种邻里效应，它们只是人力资本投资的一种形式，它们与用在机器、厂房上的投资，或其他形式的非人力资本投资，是十分相似的。它们的作用是提高人的经济

⑤　我用了俄亥俄州而不是伊利诺伊州来举例，因为自从 1953 年我撰写那篇文章以来（本章就是在该篇文章的基础上修订而成的），伊利诺伊州已经采用了一种方案，遵循了文中所说的部分路线，提供在伊利诺伊州的私立学院和私立大学就读也可享受的奖学金。加利福尼亚州也这么做了。弗吉尼亚州在更低的学校层次上采用了一种类似的方案，不过原因大不相同——是为了避免种族融合。我将在第 7 章中讨论弗吉尼亚州的情况。

意义上的生产率。如果它们做到了这一点，那么在一个自由企业的社会中，个人就会得到奖励——个人会因为他所提供的服务而获得更高的回报，比不接受职业/专业教育的情况下所能获得的报
121 酬要高。[6] 这种回报的差异是投入资本（不管是以机器的形式还是人力的形式投入资本）的经济意义上的激励因素。无论是以什么形式投资，都必须对额外的回报与取得回报所需的成本做通盘考虑。对于职业学校教育来说，主要的成本有：在职业训练阶段放弃的收入，因为推迟收入期的开始而损失的利息，以及为获得职业训练而支出的特殊花费，比如学费和书本、器材的花费。对实物资本来说，主要的成本包括修建资本设备（capital equipment）的花费以及在修建过程中放弃的利息。在以上两种情形中，如果个人所认定的额外回报超出了个人所认定的额外成本，那么个人大抵就会认为投资是很合意的。[7] 在以上两种情形中，如果个人自己进行投资，并且他所在的州既不对投资给予补贴，也不针对回报征税，那么个人（或者他的父母、资助者或赞助人）通常承担所有额外的成本并获得所有额外的回报：并不存在明显的无须承担的成本或者不可自用的回报，以致使得私人激励因素系统地偏离社会认可的那些激励因素。

---

[6] 所增加的回报可能只有部分是货币形式的；回报可能还包含非货币性的好处，这些好处是职业训练使个人能够胜任的那种职业所特有的。类似地，职业也可能包含非货币性的弊端，这些弊端只能计入投资的成本当中。

[7] 参阅弗里德曼和库兹涅茨（Simon Kuznets）的《独立性专业工作的收入》（*Income from Independent Professional Practice*），纽约：美国经济研究局，1945 年，第 81—95 页、第 118—137 页。书中更加详细、准确地阐述了选择职业时所涉及的种种考量因素。

如果投资于人力的资本与投资于有形资产的资本一样易得——无论是通过市场还是通过相关个人（或他们的父母或资助者）的直接投资——这两个领域的资本回报率将大体上趋于一致。如果非人力资本的回报率更高，那么父母们就有动力为其子女购买此种资本，而不是把同等数额的钱投资于职业训练；反之亦然。然而，事实上，有大量的经验证据表明，投资于职业/专业训练的回报率比投资于实物资本的回报率要高得多。这一差异表明，人力 122
资本存在投资不足的情况。[⑧]

这种人力资本的投资不足反映的可能是资本市场的缺陷。与对实物资本的投资相比，对人的投资没办法以相同的条件来筹措资金，资金筹措起来也没有那么容易。很容易看出原因何在。如果借出一定数额的贷款，以供实物资本投资之用，那么凭借抵押或者对有形资产本身的剩余索取权，出借人可以为他贷出的款项获得一定的保障，而且如果出现债务违约的话，通过卖掉有形资产，出借人有望至少将部分的投资变现。如果他贷出一笔类似的款项，用于提高一个人的赚钱能力，很显然，他不可能获得任何类似的保障。在一个不存在奴隶的国家，个人——他是投资的具体表现——不能被买卖。即使个人能够被买卖，出借人获得的保障也没有可比性。一般来说，实物资本的生产率不依赖于原始借款人的合作。而人力资本的生产率很显然十分依赖于原始借款人的合

⑧　参见加里·贝克尔（G. S. Becker）的《学院教育投资不足？》（Underinvestment in College Education?），《美国经济评论》（*American Economic Review*），汇编第 50 卷，1960 年，第 356—364 页；舒尔茨（T. W. Schultz）的“人力资本投资”（Investment in Human Capital），《美国经济评论》，第 51 卷，1961 年，第 1—17 页。

作。因此,一方面是供个人职业/专业训练之用的一笔贷款(除了个人将来能挣到的钱之外,提供不了任何保障),另一方面是供建造一栋房屋之用的一笔贷款,前者显然远不如后者有吸引力:前者更缺乏保障,而且后续收回利息和本金所需的成本也大得多。

还有一个因素使问题进一步复杂化了,那就是:要为职业/专业训练投资提供资金,固定货币贷款(fixed money loans)并不是一种恰当的形式。向职业/专业训练投资必然有很大的风险。平均预期回报可能很高,但是围绕这个平均值会出现很大的变动。
123 很显然,死亡或者体弱多病是发生变动的一个原因,但是它们可能远不如以下因素重要:能力、精力和好运气方面的差异。因此,如果借出了固定货币贷款,并且只有预期的未来收入作为保障,那么其中相当大的一部分将永远无法得到偿还。为了使此种贷款对出借人具有吸引力,针对所有贷款收取的名义利率将不得不被定得很高,高到足以补偿不能按时偿还贷款所导致的资本损失。非常高的名义利率将会与高利贷法相冲突,同时还会令借款人觉得贷款毫无吸引力。[9] 其他风险较高的投资所采用的用以应对类似问

---

[9] 尽管固定货币贷款存在这些困难之处,但是,有朋友告诉我,在瑞典,固定货币贷款是为教育提供资金的一种十分常见的手段——在那里,人们似乎能够以比较合理的利率获得固定货币贷款。也许一个比较准确的解释是,瑞典大学毕业生收入的离散程度比美国更小一些。不过,这并不是最终的解释,可能也不是实践中之所以会出现差异的唯一的或主要的原因。为了考察以下问题,进一步研究瑞典和其他国家的类似经验将是十分可取的:以上给出的原因是否足以解释为什么美国和其他国家没有高度发达的贷款市场,用以向职业教育提供资金?是否存在其他更容易被扫除的障碍?

近些年,在对大学生的私人贷款方面,美国出现了令人鼓舞的进展。主要的进展是由联合学生资助基金组织(United Student Aid Funds)推动的,它是一个非营利机构,专门为各家银行发放的贷款承担保险责任。

题的方法是股权投资加上股东的有限责任。把这个方法搬到教育领域，就是要“购买”个人收入前景的一定份额；就是向个人预支完成职业/专业训练所需的资金，条件是个人同意把他未来收入的一个特定部分支付给出借人。通过这种方法，出借人就可以从相对比较成功的个人那里收回比他的原始投资还要多的钱，这将能够补偿他未能从不成功的个人那里收回的原始投资。

这种类型的私人合同似乎不存在任何法律方面的障碍，尽管从经济角度看，此种合同相当于购买个人赚钱能力的一定份额，从而相当于是部分的奴隶制。虽然这种合同对出借人和借款人都可能是有利可图的，但它并没有变得很普遍。之所以会这样，其中一个原因大概是执行此种合同的成本很高。而成本高则是鉴于以下 124
因素：个人有从一个地方搬到另一个地方的自由；必须获得准确的关于收入的报告；此种合同的时间跨度比较长。对于规模小、借款的个人在地域上分布较广的投资来说，这些成本想必会非常地高。此种类型的投资从未在私人的努力下发展起来，这些成本很可能就是最主要的原因。

不过，十分可能的是，以下诸因素的累积效应也起了重要作用：这个想法过于新奇独特；人们不愿意把对人的投资看作可以与有形资产投资完全相提并论的；由此可能产生的公众对这种合同的不理智的谴责，即使合同是双方自愿签订的；法律上和传统上对人寿保险公司——它们可以说是最适合于进行此种投资的金融中介机构——可以投资的类型的限制。潜在的收益——尤其是对早期进入者来说——是非常可观的，以至于承担极其高昂的执行成

本也会是十分值得的。[10]

无论原因何在，总归是市场的缺点导致了人力资本的投资不足。因此，可以凭借如下理由来证明政府干预的合理性：一是“技
125 术垄断”（就人力资本投资发展的障碍在于执行成本而言），二是改进市场的运作（就人力资本投资发展的障碍仅仅在于市场摩擦和市场僵化而言）。

如果政府确实进行干预，它应该怎么做？一种显而易见的干预方式——也是迄今为止政府采用过的唯一方式——是对职业学校教育和专业学校教育进行直接的政府补贴，资金就来自一般性财政收入。很显然，这种方式并不妥当。投资应该进行到如下程度：在这一水平上，额外的收益能够偿还投资并且能够产生按市场利率计算投资应得的利息。如果是对人进行投资，那么额外收益的表现形式是个人所提供的服务能带来更高的报酬——比个人在没有获得投资的情况下的报酬更高。在私人市场经济中，个人将以个人收入的形式得到此种收益。如果投资是受到补贴的，那么他就无须承担任何成本。因此，如果对所有希望获得职业/专业训

---

[10] 设想一下这样的生意要怎么做以及可以使用一些额外的方法从中获利，是十分有趣的。通过对他们愿意资助的个人设置非常高的素质标准，最早的那些进入者们将能够挑选到最好的投资。如果他们这样做了，那么，他们可以通过使公众认可他们所资助的那些个人的卓越才能来提高其投资的盈利性。“由某某保险公司资助的职业/专业训练”这样的标志性文字可以被打造成一种对才能的保证（就像“由《好管家》认证通过”一样*），而这种保证将会吸引顾客。该保险公司可以向“它的”医生、律师、牙医等提供各种各样的其他常见服务。

*《好管家》（*Good Housekeeping*）是美国的一种女性杂志，该杂志下属的研究机构 Good Housekeeping Research Institute 对厨房用具、家电等产品进行调研，该机构认可和推荐的产品通常印有“《好管家》认证通过”的图章。——译者

练，并且能达到最低素质标准的人都进行补贴，那么将会出现对人力的过度投资，因为个人将会有动机去获取职业/专业训练——只要此种训练能带来可以抵消私人成本的任何额外收益，哪怕这样的收益并不足以偿还所投入的资本（更不用说产生任何资本应得的利息）。为了避免这样的过度投资，政府将不得不对补贴做出限制。即使不考虑计算出“正确的”投资额度的困难，限制补贴也将意味着以某种从本质上说是武断的方式把有限额度的投资限量分配给多得资助不过来的索取者。那些有幸获得职业/专业训练补贴的人，将得到投资的所有收益，而成本则由广大纳税人承担——这样的收入再分配是完全武断的，也几乎肯定是不合情理的。

我们想要的并不是对收入进行再分配，而是使得用于人力投资的资本和用于实物投资的资本能够以大致相同的条件被获得。个人应该承担对其自身进行投资的成本，并收取投资的回报。当个人愿意承担成本的时候，不应该让市场缺陷阻碍个人进行投资。
要达成这种结果，可以采取的一个办法就是政府对人进行股权投 126
资。对于能够达到最低素质标准的任何个人，政府机构可以对其职业/专业训练提供资金支持或协助提供资金支持。该机构将使个人在若干年内每年都可以获得一笔有限额度的资金，条件是这些资金要用于在经过认可的院校获取职业/专业训练。作为回报，个人要同意如下条件：对于他从政府获得的每 1 000 美元，他在未来的每年都要向政府支付其收入中超出一个特定金额之外的那个部分的一个特定百分比。这种付款可以很容易地与所得税的付款合并在一起，因而只引起极少的额外行政费用。基础金额应该确定在如下水平，即与估算的未接受专业化训练情况下的平均收入持平；所支付的收入的比例应该经过计算，使得整个方案在资金上能自给自足。这样一来，实际上是那些获得职业/专业训练的个人承担全部成本。因此，到底投资多少钱就能够由个人的选择来决定。倘若这是政府对职业或专业训练提供资金的唯一方式，并且计算出来的收入反映所有相关的回报和成本，那么个人的自由选择往往会产生最优的投资数额。

不幸的是，第二个限制性条件不太可能完全被满足，因为不可能将前文提到的非货币性回报计算在内。因此，在实践当中，按照这样的方案进行的投资还是有点太少，而且投资没办法按照最优方式得到分配。[11]

127 出于若干原因，如果能由私人金融机构和非营利性机构（比如基金会和大学）来执行这个方案，将是更为可取的。因为估算基础收入和估算应支付给政府的超出基础部分的收入比例存在困难，这一方案有很大的风险会变成“政治足球”*。至于要使这一项目在资金上自给自足究竟需要多少钱，各种不同职业的现有收入水平的信息只能为其提供一个大致的近似值。此外，基础收入和支付比例应该因人而异，依据可以事先预见到的未来赚钱能力的差异来确定，正如预期寿命不同的人群缴纳的人寿保险费用是不同的。

---

⑪ 我十分感谢哈里·G. 约翰逊（Harry G. Johnson）和小保罗·W. 库克（Paul W. Cook Jr.），是他们建议我添加这个限定条件。请参阅前文引用过的弗里德曼和库兹涅茨的《独立性专业工作的收入》，其中更为详细地讨论了非货币性益处和非货币性弊端在决定不同职业的收入时所起的作用。

* “政治足球”（political football）是指被不同党派拿来当作争议焦点的议题。成为“政治足球”通常会使一个议题（即使它原本是非政治性的）变得更加政治化。——译者

考虑到如果在私人基础上执行这样的方案，行政管理费用将是一大障碍，那么，更适合于提供资金的政府部门应该是联邦政府，而不是更小的部门。任何一个州都将会承担与一个保险公司一样的成本，比如说对它所资助的那些人进行追踪记录。对联邦政府来说，这些成本将被最小化，但不会完全消除。例如，一个移居到别国去的个人在法律上和道义上可能仍然有义务从他的收入中支付原本商定好的比例，但是要强制其履行义务则会十分困难又昂贵。因此，特别成功的那些人可能会有移居国外的动机。当然，在所得税制度下，也会产生类似的问题，而且问题还严重得多。毫无疑问，在联邦层面执行该方案所产生的这个问题以及其他的行政管理问题，在细节上是令人烦恼的，但是，这些问题看起来并不十分严峻。严峻的问题是上面已经提到过的政治方面的问题：如何防止该方案变成政治足球，并防止该方案在此过程中从一个资金自给自足的项目变成一种对职业教育进行补贴的手段。

但是，如果说风险是真实存在的，那么，机会也同样是真实存 128
在的。资本市场现存的不足之处往往会使比较昂贵的职业训练和专业训练局限于特定的个人，即其父母和资助人能够为所需的职业/专业训练提供资金的那些个人。资本市场的缺陷把这些人变成了一个“不竞争”的群体，他们受到庇护，无须参与竞争，因为很多有能力的个人没有办法得到必要的资金。结果就是财富和地位的不平等将会不断延续下去。大力发展上文概述的这些安排，将会使更多的人获得资金，因此将大大有助于把机会平等变成现实，有助于减少收入和财富的不平等，有助于促进我们对人力资源的

充分利用。而这一切的实现所依靠的并不是阻碍竞争，破坏激励因素，以及仅仅应对表面症状(直接对收入进行再分配就会产生这些情况)，而是增进竞争，使激励因素更加有效，以及消除不平等的起因。

第 7 章　资本主义与歧视

资本主义的发展一直伴随着个别宗教信仰、种族或社会群体 131
的经济活动受到特别阻碍之程度——或者像人们常说的那样，这些群体被歧视的程度——的大幅度减弱：这是一个引人注目的历史事实。在中世纪，用合同安排取代身份地位安排是迈向解放农奴的第一步。犹太人之所以经过漫长的中世纪还得以存续，是因为存在着一个市场领域，尽管受到官方的迫害，犹太人还是可以在市场领域运作并求得生路。清教徒和贵格会教徒之所以能够移居到新大陆去，是因为他们能够在市场中积累起迁移所需要的资金，尽管他们在生活的其他方面受到诸多限制。内战之后，南方各州采取了很多措施，对黑人施加法律限制。其中，有一个措施没有在任何范围内得到实施，那就是对不动产所有权或个人财产所有权设置壁垒。设置这些壁垒未能成功，反映的显然不是要避免对黑人施加限制的特殊关切。它反映的是对私人财产的一种根本信念，这种信念十分牢固，甚至超越了要歧视黑人的想法。私人财产的基本原则以及资本主义的基本原则得以维持，是黑人所拥有的各种机会的一个主要来源；这些原则得以维持也使黑人取得了更大的进步，如果这些原则缺失，黑人就没办法取得这么大的进步。举一个更一般的例子：在任何社会中，那些最具垄断性质的领域都是歧视的专属领地，而在拥有最大程度竞争自由的领域，对特定肤

色或特定信仰的群体的歧视都是最少的。

正如第1章中指出的，经历的一个矛盾之处就在于，尽管存在上述历史证据，但是，要对资本主义社会进行根本性改变的呼声最高、数量最多的倡导者，恰恰常常来自那些少数派群体。他们往往将他们所经历的那些残留的限制归咎于资本主义，而拒不承认以
132 下观点，即自由市场是使这些限制能够像现在这样微不足道的主要因素。

我们已经看到自由市场是如何将经济效率与不相关的特征分离开的。正如第1章中已经指出的，面包的购买者并不知道做面包的小麦是白人还是黑人、是基督徒还是犹太人种的。因此，小麦生产者就可以尽其所能以最有效率的方式利用资源，而无须顾虑社会对他所雇用的人的肤色、信仰或其他特征持何种态度。而且——这一点可能更为重要——在自由市场中，存在着经济上的激励因素，使人们将经济效率与个人的其他特征分离开来。如果一个商人或企业家在他的商业活动中表现出与生产效率无关的偏好，那么，与其他未表现出这些偏好的个人相比较，他就处于不利的地位。这样的个人实际上给他自己施加了比其他没有这些偏好的个人更高的成本。因此，在自由市场中，他往往会被别人挤垮。

这样的现象发生的范围特别广泛。人们经常想当然地认为，因为种族、信仰、肤色等而歧视别人的人仅仅是把成本强加给其他人，他这样做并不会给他自己带来成本。这种观点与下述类似的谬误是不相上下的，即一个国家对别国的产品征收关税并不会伤

害它自己。[①]两种观点同样都是错误的。例如，一个拒绝从黑人手
里买东西或者拒绝与黑人并肩工作的人，会因此限制了他自己的 133
选择范围。一般来说，他将不得不为他买的东西支付更高的价格，或者从他的工作中获得更低的回报。或者换个说法，我们当中认为肤色或信仰无关紧要的那些人可以因此而更便宜地购买某些东西。

正如这些论述可能已经表明的那样，在定义和解读歧视方面，确实存在着问题。施加歧视的人为他的歧视行为而付出代价。可以说他“购买”了他认为是“产品”的东西。歧视是其他人的一种令人难以认同的“品位”；除此之外，很难看出歧视还有任何其他含义。如果一个人为了聆听某个歌手，愿意支付比聆听另一个歌手更高的价格，我们并不会认为这是“歧视”（至少不是在一种同等程度地令人反感的意义上）；然而，如果一个人为了让某种肤色的人向他提供服务，愿意支付比让另外一种肤色的人向他提供服务更高的价格，我们就会认为这是歧视。两种情况的区别在于，在一种情况下我们认同其品位，而在另一种情况下我们不认同其品位。有一种品位导致一个主人偏好漂亮的仆人，不喜欢丑陋的仆人，还有一种品位导致另一个主人偏好黑人而不喜欢白人，或者偏好白人而不喜欢黑人；除了我们认可并赞同一种品位，但可能不喜欢另一种品位之外，这两种品位之间难道有什么原则上的区别吗？我

① 在对歧视所涉及的一些经济议题的精彩而富有洞见的分析中，加里·贝克尔证明，在逻辑结构方面，歧视问题与对外贸易和关税问题几乎是完全相同的。参见贝克尔的《歧视经济学》(*The Economics of Discrimination*)，芝加哥：芝加哥大学出版社 1957 年版)。

并不是想说所有的品位都同样好。相反地，我坚信一个人的肤色或者其父母的信仰本身并不能构成对其进行区别对待的原因；我坚信应该根据一个人是什么样的人以及他做了什么来判断一个人，而不是根据这些外在特征来评判。有些人在这方面的品位与我不同，在我看来这是他们有偏见、眼界狭隘，我对此感到很遗憾，并且因为这一点，我对他们的评价也更低。但是，在一个以自由讨论为基础的社会中，比较恰当的解决办法是，我努力劝说，让他们相信这种品位是不好的，他们应该改变他们的观点和行为，而不是使用强制力将我的品位和我的态度强加给其他人。

134

践行公平就业的立法

许多州都成立了公平就业实施委员会（Fair Employment Practice Commissions），它们的任务是防止雇用员工时出现基于种族、肤色或信仰的“歧视”现象。显然，这样的立法牵扯到对个人之间自愿订立契约之自由的干预。它使得此种契约必须接受各州的批准或否决。因此，它是一种对自由的直接干预；在其他大多数情境下，我们都会反对这样的干预。此外，与其他大多数对自由的干预一样，受到法律制约的那些个人，很可能并不是法律的倡导者们想要进行行为控制的对象。

例如，让我们考虑以下情形：有若干家杂货店在一个街区营业，而住在这里的居民都极其厌恶黑人售货员为其提供服务。假设其中一家杂货店有一个售货员的职位空缺，而第一个在其他方面都符合要求的应聘者恰好是黑人。让我们假定，由于法律的规定，这家杂货店被要求雇用这名黑人。这一行为的结果将会是这家店的生意减少、店主被迫承担损失。如果这个社区的偏好足够强烈，那么这种偏好甚至会使这家店倒闭。在没有法律制约的情况下，当店主更愿意雇用白人售货员、不愿意雇用黑人售货员时，他所表达的可能并不是他自己的任何偏好、偏见或者品位。他可能仅仅是在传递这个社区的品位。可以说他只是为消费者生产了消费者愿意付费的那种服务。尽管如此，他还是受到了损害，实际上他可能是唯一一个真正受到损害的人；使他受损的是禁止他从事有关活动（即禁止他迎合社区偏好白人售货员而厌恶黑人售货员的品位）的法律。法律原本是要扼制消费者的偏好，不过，消费者仅仅在这样一种程度上会受到严重影响：杂货店的数量是有限 135
的，因而，由于一家杂货店倒闭，他们必须支付更高的价格。我们可以把这一分析推广开来。在大部分情况下，当雇主采用以下雇用策略——把与技术性的物质生产力无关的因素当作与雇用有关的因素——的时候，雇主要么是在传递其顾客的偏好，要么是在传递其他雇员的偏好。事实上，正如前面提到过的，如果顾客或者雇员的偏好给雇主带来更高的成本，雇主们通常有动机试图找寻回避这种偏好的办法。

那些公平就业实施委员会（FEPC）的倡导者们认为，干预个人之间订立雇佣契约的自由是合理的，因为，在黑人和白人从物质生产能力方面来看都一样符合要求的情况下，如果一个人拒绝雇用黑人、但是愿意雇用白人，那么，这个人就对其他人——也就是在这一过程中就业机会受到限制的有特定肤色或信仰的那些群体——造成伤害。这种论点严重混淆了两种迥然不同的伤害。一种伤害是明确伤害(positive harm),是一个人对另一个人的伤害,依靠的可能是武力,也可能是未经其同意就强制其签订合同。一个显而易见的例子是一个人用棍棒击打另一个人的头部。一个不那么显而易见的例子则是第 2 章中讨论过的对河水的污染。第二种伤害是不明确伤害(negative harm),当两个人没办法达成双方都能接受的契约时,就是发生了不明确伤害,比如,我不愿意购买某人想要卖给我的某样东西,因此,比起我真的购买这样东西的情形,我使他的境况变差了。如果整个社会都偏好布鲁斯歌手,而不喜欢歌剧演唱者,那么相对后者而言,他们肯定增进了前者的经济福祉。如果一位准布鲁斯歌手能够找到工作,而一位准歌剧演唱者未能找到工作,这仅仅意味着布鲁斯歌手提供的服务是民众认为值得掏腰包的,而准歌剧演唱者提供的服务则不是。这位准歌
136 剧演唱者因为民众的品位而“受到伤害”。如果民众的品位是相反的,那么,歌剧演唱者的境况就会更好,而布鲁斯歌手会“受到伤害”。很显然,这种伤害并不涉及任何非自愿的交换、强加的成本或者给予第三方好处。利用政府来阻止一个人对别人施加明确伤害(也就是阻止胁迫的发生),是有充分理由的。利用政府来避免不明确的“伤害”,则是毫无理由的。事实上,这样的政府干预恰恰削弱了自由并限制了自愿的合作。

公平就业实施委员会的立法涉及对一个原则的接受,但是这一原则在任何其他方面的应用,几乎都会令公平就业实施委员会的倡导者们深恶痛绝。如果说国家声称在雇用时个人不应因为肤色、种族或信仰而有歧视行为是合情合理的,那么,国家声称个人在雇用时必须因为肤色、种族或信仰而有歧视行为——只要能够

有大多数的人为此投赞成票——也同样是合情合理的。希特勒的纽伦堡法案和南方各州对黑人施加特殊限制的法律，就是两个与公平就业实施委员会的原则相类似的法律实例。反对这样的法律但是又支持公平就业实施委员会的人，不能争辩说，这样的法律在原则上有任何毛病，不能说它们涉及一种不应该被允许的国家行为。他们只能争辩说，所运用的具体的评判标准是无关紧要的。他们只能试图说服其他人：他们不应该运用这些评判标准，而应该运用其他标准。

如果我们通观历史，看看假如每个个案都根据其自身的优劣来评判，而不是作为一个总体原则的一部分而被评判的话，大多数的人都会被说服去相信什么样的事情，那么毫无疑问，若人们普遍接受这一领域的政府行为的合理性，这种接受所产生的影响，将会是极其糟糕的，就算从那些现在支持公平就业实施委员会的人们的角度来讲，也是一样。如果说现在践行公平就业委员会的倡导 137
者们能够使他们的观点产生预期效果，那也仅仅是因为宪法和联邦的情势使然——在这样的情势下，国家的某一个地方的区域性的大多数人，可以把他们的观点强加给国家的另一个地方的大多数人。

一般而言，如果一个少数派群体指望多数派群体的特定行动来维护其利益，那他们的目光就实在太短浅了。如果人们接受一般性的权威指示，并针对某一类情况做出克己行为，也许可以阻止特定的多数派群体压榨特定的少数派群体。如果不存在这样的要求人们做出克己行为的权威指示，可以想见，多数派群体一定会利用他们的权力彰显他们的偏好（或者说偏见），而不会保护少数派群体不受多数派群体的偏见影响。

为了用另一种方式——也许是更加不寻常的方式——考虑这个问题，可以考虑以下例子：一个人相信目前的品位结构是不可取的，并且黑人的机会很少，他希望看到黑人有更多的机会。假定他将他的想法付诸实践，每当有其他方面资质大体相同的若干应聘者的时候，他总是录用黑人应聘者。在目前的情况下，是否应该阻止他这么做？很显然，公平就业实施委员会的逻辑是，他应该被阻止。

在这些原则已经被充分研讨的领域——大概比在其他任何领域都研究得更为透彻——言论领域，与公平就业向对应的是“公平言论”，而不是自由言论。就这方面而言，美国公民自由协会(American Civil Liberties Union)似乎是完全自相矛盾的。该协会既赞同言论自由，又赞同就业公平的法律。证明言论自由的合理性的一个表述方法是，我们不相信以下做法是可取的，即由暂时的多数派群体来决定什么样的言论应该被视为是恰当的言论。我们想要一个观念的自由市场，以便各种观念能够有机会被大多数人所接受，或者几乎被所有人所接受，即使在最开始只有几个人持有这些观念。与此完全相同的考量，也适用于雇用员工，或者更一般地说，
138 适用于商品和服务市场。一方面是由暂时的多数派群体来决定什么样的特征与雇用有关，一方面是由暂时的多数派群体来决定什么样的言论是恰当的，难道前者就比后者更加可取吗？事实上，如果商品和服务的自由市场被破坏了，那么，观念的自由市场还能够长久地维系下去吗？为了保护一位种族主义者在街角宣传种族隔离原则的权利，美国公民自由协会将会斗争到底。但是，如果这位种族主义者根据他自己的原则行事，拒绝雇用一位黑

人做某个工作，该协会就会赞成把他关进监狱里。

正如前面已经强调过的，如果我们认为某一特定的标准，比如说肤色，是无关紧要的，那么对我们来说，恰当的解决办法应该是说服我们的同胞，使他们认同我们的观点，而不应该利用国家的强制性权力迫使他们遵照我们的原则来行事。在所有的群体中，美国公民自由协会应该是第一个承认这一点的，并且应该是第一个站出来宣告这一点的。

工作权利法

有一些州已经通过了所谓的“工作权利”法。这些法律规定，要求应聘者是工会会员并以此作为受雇的一个条件是违法的。

工作权利法所涉及的原则与公平就业实施委员会的原则是相同的。二者都干预签订雇佣合同的自由，后者的干预手段是规定特定的肤色或信仰不能被当作雇用的一个条件，前者的干预手段是规定工会会员身份不能被当作雇用的条件。尽管二者的原则具有同一性，但是，面对这两类法律，人们的观点几乎是百分之百不同。几乎所有赞同公平就业实施委员会的人都反对工作权利；几乎所有赞同工作权利的人都反对公平就业实施委员会。作为一个自由主义者，我对二者都持反对态度，正如我也同样反对规定所谓的“黄狗”合同（把非工会会员作为一个雇用条件的合同）为非法的法律。

考虑到雇主之间的竞争和雇员之间的竞争，似乎找不到任何 139
理由不让雇主自由地决定他们想要提供给雇员的任何条件。在某些情况下，雇主发现雇员更喜欢他们的一部分报酬体现为福利设施的形式（比如棒球场地、娱乐设施或者更好的休息场所），而不是现金形式。于是，雇主发现，提供这些设施作为其雇佣合同的组成部分，比提供更高的现金工资更加有利可图。类似地，雇主也可以提供养老金计划，或者要求雇员参加养老金计划，等等。所有这些行为均不涉及对个人找工作的自由的任何干预。它们仅仅反映了雇主的一种努力，即努力使工作的特点适合雇员，并对雇员具有吸引力。只要存在着很多的雇主，所有那些有特殊种类的需求的雇员，都将能够找到相应雇主提供的工作来满足其需求。在竞争的条件下，就要求雇员必须是工会会员（closed shop）的企业而言，也会出现同样的情况。如果真的有一些雇员更愿意在要求雇员必须是工会会员的企业里工作，而其他人更愿意在雇员并不必须是工会会员（open shop）的企业里工作，那么，将会有不同形式的雇佣合同出现，有些合同包含前一种条款，其他合同则包含后一种条款。

当然，事实上，公平就业实施委员会和工作权利二者之间存在着一些重要的区别。这些区别是：在雇员这一方，存在着以工会组织的形式呈现出来的垄断，而针对工会，又存在着联邦立法。令人疑惑的是，在一个竞争性的劳动力市场上，雇主把必须是工会会员作为一个雇用条件究竟是否真的有利可图。尽管在劳动力这一方，人们常常会认为工会没有太大的垄断权力，但是，要求员工必须是工会会员的企业却并非如此。这样的企业几乎总是垄断权力的象征。

140 一方面是要求员工必须是工会会员的企业，一方面是劳动力垄断：这二者的同时出现，不能作为为工作权利法辩护的理由。它应该是采取行动、消除垄断权力(无论垄断权力以什么样的特定形式呈现出来)的理由。它应该是在劳动力领域采取更有效的、更广泛的反托拉斯行动的理由。

还有另外一个特殊之处在实践当中十分重要,那就是联邦法律和州法律之间的冲突,以及目前存在的那种联邦法律(该法律适用于所有的州,一个州只有颁行工作权利法才能钻该项法律的空子)。最优的解决办法应该是修改联邦法律。困难之处在于,没有一个州能够凭一己之力使联邦法律发生改变;然而,某一个州内的居民很有可能希望那些管制他们州的工会组织的立法有所改变。工作权利立法也许是能做到这一点的唯一有效的办法,因此是两害之中的较轻者。我无法接受这种辩护理由——我想部分原因是因为我倾向于认为工作权利法本身对工会的垄断权力并不会有什么太大的影响。在我看来,来自实践方面的理由太薄弱,并不能压倒来自原则方面的异议。

学校教育中的种族隔离

学校教育中的种族隔离带来了上述讨论未能涉及的一个特殊问题;之所以会如此,原因只有一个。这个原因就是,在目前的情况下,学校教育主要是由政府来运作和管理的。这意味着政府必须做出明确的决定。政府要么必须强制执行种族隔离,要么必须强制执行种族融合。在我看来,二者都是糟糕的解决办法。因此,对于我们这样的人(我们相信肤色是无关紧要的特征,认为最好所有人都能意识到这一点,但是我们又信奉个人自由)来说,摆在我们面前的是一个两难的问题。如果必须在强制性的种族隔离和强制性的种族融合这两害之间进行抉择，我个人觉得不可能不选择种族融合。

141 上一章给出了可以避开这两害的恰当的解决方案，尽管我最初撰写上一章的时候根本没有考虑到种族隔离或种族融合的问题——这是一个很好的例子，充分说明了意在从总体上增进自由的种种安排是如何应对具体的自由问题的。恰当的解决方案就是取消政府对学校的运作，让家长们去选择想让子女上什么样的学校。当然，除此之外，我们所有人都应该尽我们所能地通过言行来努力促进这样一些态度和观念的发展——这些态度和观念将使得黑人白人共同就读的学校变成常规，使种族隔离的学校变成罕见的例外。

如果类似上一章中那样的建议得到采纳，那么，它将会使各种不同类型的学校发展起来，有一些是全白人的，有一些是全黑人的，还有一些是黑人白人共同就读的。它将使从一批学校向另一批学校的转变(我们希望是转变为黑人白人共同就读的学校)伴随着社会态度的变化而平缓地发生。它将避免严酷的政治冲突——目前，这样的政治冲突已经十分严重地加剧了社会紧张气氛，扰乱了整个社会。它将会在这一特殊领域促成不带有强迫一致性的合作(cooperation without conformity)，正如市场能在更一般的意义上促成不带有强迫一致性的合作。[②]

---

② 为了避免误解，这里要明确指出，在谈到上一章中的建议时，我理所当然地认定如下内容：为了使教育券能够被使用而强制规定学校必须达到的那些最低要求中，并不包括学校是否为种族隔离的学校。

弗吉尼亚州已经采用了一种与上一章中概述的方案有很多相似之处的方案。尽管采用该方案的目的是避免强制性的种族融合,但是,我预言,该项法律的最终效果将会十分不同——毕竟,结果与意图之间的差别是证明自由社会存在之合理性的首要理由之一;让人们根据其自身利益的趋向来行事是可取的,因为完全无法预料它们会带来什么样的结果。事实上,即使在最初的阶段,也出 142
现了令人惊讶的事情。有人告诉我,要使用教育券来支付转学费用,一个最基本的要求就是家长要把孩子从种族隔离的学校转到种族融合的学校。规定这样的转学要求,并不是为了我们所说的这种目的,而仅仅是因为种族融合的学校恰好是教学方面更优秀的学校。放眼更长远的未来,如果教育券制度不被取消,那么,弗吉尼亚州将为我们提供一个实验,用以检验上一章的结论。如果那些结论是正确的,那么,我们应该会看到弗吉尼亚州内可供选择的学校遍地开花,学校变得更加多样化,那些顶尖学校的质量会有很大的进步(也有可能是令人叹为观止的进步),而在顶尖学校的推动下,其余学校的质量也会紧随其后,有所提升。

从另外一方面来看这幅图景,我们不应该天真到以为根深蒂固的价值和信念能够通过法律轻而易举地被根除。我住在芝加哥。芝加哥没有强制执行种族隔离的法律。它的法律要求种族融合。然而,事实上,芝加哥的公立学校可能和大多数南方城市的学校一样,种族隔离得十分彻底。如果将弗吉尼亚州的体制引入芝加哥,那么几乎毫无疑问地,结果将会是种族隔离明显减少,而最有能力、最有志向的那些黑人青少年可以获得的机会大大增多。

第 8 章　垄断以及企业的社会责任与劳动力的社会责任

145 竞争有两种大相径庭的含义。在日常的话语中，竞争意味着个人之间的较量，一个人试图超越他的已知对手。在经济世界中，竞争意味着几乎完全相反的事情。在竞争性的市场中，没有个人之间的较量。不存在个人之间的讨价还价。在一个自由市场中，种小麦的农场主并不觉得他自己和他的邻居之间存在个人的较量，也不觉得受到邻居的威胁；而这个邻居其实是他的对手。竞争性市场的本质在于它的非个人化的属性。没有一个参与者能够决定其他参与者以什么样的条件获得商品或工作。所有人都接受市场给出的价格，没有人能够单凭一己之力就对价格产生无法忽视的影响，尽管所有的参与者——凭借他们各自的行动所产生的综合效果——共同决定了价格。

当一个特定的个人或企业对某一特定产品或服务有足够的控制力，以致能够在很大程度上决定其他人以何种条件获得此项产品或服务，那么，就存在着垄断。在某些方面，垄断与日常的竞争概念更为接近，因为它确实涉及个人之间的较量。

对一个自由社会而言，垄断引起两大类问题。首先，垄断减少了个人能够做出的其他选择，因此垄断的存在意味着对自愿交换的限制。其次，垄断的存在引起了所谓的垄断者的“社会责任”问题。竞争性市场的参与者没有改变交换条件的明显权力；作为一个单独的个体，人们几乎注意不到他；因此，除了所有公民都肩负的遵守本国法律、按他自己的想法去生活的责任，很难说他有任何其他“社会责任”。而垄断者容易引人注意，并且拥有权力。可以很容易地论证说，他在行使他的权力时，不应该仅仅为了促进他自己的利益，而且应该促进那些从社会角度来看是可取的目的。然而，若将这样的一个原则广泛地加以运用，则会破坏自由社会。

当然，竞争是一个理想中的类型，就像欧几里得线或欧几里得 146
点一样。根本没有人见过欧几里得线（它的宽度和高度均为零），然而，我们都发现把许多欧几里得几何体（比如一位勘测员的绳子）看作一条欧几里得线是十分有用的。类似地，并没有“纯粹”竞争这回事。每位生产者都对他所生产的产品的价格有一些影响——无论这种影响是多么微小。对于我们的理解和政策而言，重要的问题是，这种影响是否显著、将其忽略掉是否合理——就像勘测员能够忽略他称之为“线”的东西的厚度。当然，答案必须取决于问题。但是，伴随着我对美国经济活动的研究，让我越来越印象深刻的是，相关问题的范围是多么广泛，相关行业的范围是多么广泛：对于这些问题和行业来说，把经济看成竞争性的是非常恰当的。

垄断所引起的问题是技术性的，其所覆盖的领域，是我不太擅长的。因此，这一章仅限于对一些宏观问题的十分粗略的评述：垄断的程度，垄断的来源，恰当的政府政策，以及企业和劳动力的社会责任。

垄断的程度

有三个重要的垄断领域，需要分别加以考虑：行业的垄断，劳动力的垄断，以及由政府引起的垄断。

1. 行业垄断。关于企业垄断，最重要的事实是，从作为一个整体的经济的角度看，相对来说，企业垄断是不太重要的。在美国，有大约400万个独立运营的企业；每年有大约40万个新企业诞生；每年也有略少于40万个企业倒闭。将近五分之一的工作人口是自雇人士。在可以列举出来的几乎任何行业，都有巨人和侏儒并肩运营。

147 在这些基本的印象之外，很难明确说出一种令人满意的、客观的衡量垄断程度和竞争程度的办法。其主要的原因，前文已经提及：经济理论中所使用的这些概念，是理想化的建构，它们被设计出来，是为了分析特定的问题，而不是描述现实存在的情况。因此，不可能非常明确地断定某一个企业或行业应该被视为垄断性的还是竞争性的。给这样的词汇赋予明确的含义十分困难，这种困难引起了很多误解。竞争的状况是以经验背景为基础来判断的，而根据经验背景的不同，同一个词会被用来指称不同的事物。也许最引人注目的是以下例子：一个美国学生会在何种程度上把一个欧洲人会认为是高度竞争性的那些安排描述成垄断性的。因此，按照竞争和垄断这样的词语在欧洲所具有的含义来解读美国文献和讨论的欧洲人，倾向于相信美国的垄断程度非常高，而实际上存在的垄断程度要低得多。

有一些研究尤其是 G. 沃伦·纳特(G. Warren Nutter)和乔治·J. 施蒂格勒的研究)已经尝试按照垄断性行业、切实可行的竞争性行业、政府运营或监管的行业这三个类别对行业进行分类,并追踪随着时间的推移各个类别中所发生的变化。[①] 他们的结论是,从 1939 年起,经济中的大约四分之一可以被看作政府运营或监管的。在剩下的四分之三当中,最多四分之一——最少可能只有 15%——能够被看作垄断性的,而至少四分之三——最多可能达到 85%——能够被看作竞争性的。当然,在过去的大约半个世 148
纪当中,政府运营或监管的部门有了很大的发展。另一方面,在私人部门当中,垄断的范围似乎没有出现任何扩大的趋势;它其实很有可能缩小了。

我猜想,很多人一定有这样的印象,即垄断比上面这些估算显示的要严重得多,并且随着时间的推移在不断发展。之所以会有这种错误的印象,其中一个原因就是人们常常将绝对规模和相对规模混淆在一起。随着经济的增长,从绝对规模上讲,企业变得更大了。人们认为这意味着它们所占的市场份额也变大了;然而,实际上,市场可能发展得更快。另一个原因是,垄断有更大的新闻价值,以致对其的关注比竞争更多。如果请人们列举美国的主要行业,几乎所有的人都会把汽车制造写进去,只有很少的人会把批发

---

① G. 沃伦·纳特(G. Warren Nutter):《美国企业的垄断程度,1899 至 1939 年》(*The Extent of Enterprise Monopoly in the United States, 1899—1939*),芝加哥:芝加哥大学出版社 1951 年版,以及乔治·J. 施蒂格勒:《经济问题五讲》(*Five Lectures on Economic Problems*),伦敦:朗文-格林出版社 1949 年版,第 46—65 页。

贸易写进去。然而，批发贸易的重要性是汽车制造的两倍。批发贸易是高度竞争性的，因此并不引人注意。几乎很少有人能够说出批发贸易行业中顶尖企业的名字，尽管其中一些顶尖企业的绝对规模非常大。汽车制造行业在某些方面是高度竞争性的，但是行业内的企业数量要少得多，肯定更接近垄断状态。每个人都能说出顶尖的汽车制造企业的名字。再举另一个引人注目的例子：家政服务行业远远比电报和电话行业重要。还有一个原因是，人们普遍都有一种偏向性和趋势，会过分强调大和小的对抗的重要性；前面说的那条原因只是这种偏向性和趋势的一种特殊表现。最后，人们往往把我们这个社会的工业特征当作其主要特征。这就导致了对经济中的制造业部门的过分强调，而制造业部门其实只占产出或就业的大约四分之一。垄断在制造业中比在经济中的其他部门要常见得多。

149 出于大致相同的原因，伴随着对垄断之重要性的过高估计同时出现的，是对加强垄断的那些技术变化之重要性的过高估计。而促进了竞争的那些技术变化，则没有得到足够的估计。例如，大规模生产的广泛传播得到了突出强调。运输和通信的发展通过降低地方性区域市场的重要性、扩大竞争能够发生的范围而促进了竞争，但这些发展受到的关注要少得多。汽车行业的不断集中，是司空见惯的；货车运输行业的发展减少了对大型铁路的依赖，却几乎没受到任何关注；钢铁行业的集中性不断减弱，也几乎没人注意到。

2. 劳动力垄断。在劳动力方面，有一种类似的、对垄断的重要性做出过高估计的趋势。工会包含了大约四分之一的工作人口;这极大地高估了工会对工资结构的重要性。很多工会是完全不起任何作用的。即使是那些非常强大、非常有影响力的工会,它们对工资结构也只产生有限的影响。为什么存在强烈的、对垄断的重要性做出过高估计的倾向,其原因在劳动力方面——比起在行业方面——更加清楚。考虑到工会的存在,任何工资的上涨都将通过工会达成,即使工资上涨不是工会组织的结果。在近几年,家庭佣工的工资有了大幅度的上涨。假如存在家庭佣工工会,那么,工资的上涨将会通过工会达成,因而会被归因于工会。

这并不是说工会不重要。像企业垄断一样,工会在以下方面发挥了显著而重大的作用:促使诸多工资水平不同于市场本身单独作用下会产生的工资水平。低估工会的重要性,与高估其重要性一样,都是错误的。我曾经做过一个粗略的估算:由于工会的存在,10%—15%的工作人口的工资水平上涨了 10%—15%。这意味着大约 85%或 90%的工作人口的工资水平下降了大约 4%。[2] 150
自从我做出这些估算以来,其他人已经做了更加细致的研究。我的印象是,这些研究得出了大致相同程度的结果。

如果说工会提高了特定职业或行业的工资水平,那么,不可避免地,它们也使得该职业或行业中可获得的就业量变少了,比不存在工会的情形下要少——正如任何更高的价格都会使购买量减少。结果就是有更多的人寻找其他的工作,因而迫使其他职业的工资下降。那些无论如何都会获得高薪的群体,他们的工会通常

② 《略论工会对经济政策的重要性》(Some Comments on the Significance of Labor Unions for Economic Policy),见大卫·莱特(David McCord Wright)主编:《工会的影响》(*The Impact of the Union*),纽约:哈考特-布雷斯出版社 1951 年版,第 204—234 页。

是最强大的，所以，这些工会的作用就是使高薪工人的报酬更高，而牺牲了低薪工人的利益。因此，工会不仅通过扭曲劳动力的使用而损害了大多数人和作为整体的工人的利益；它们还通过减少处于最不利地位的那些工人可获得的机会，而使工薪阶层内部的收入更加不平等。

从一个方面来说，在劳动力垄断和企业垄断之间有着重要的区别：在过去的半个世纪中，企业垄断的重要性似乎没有任何上升的趋势，而劳动力垄断的重要性无疑上升了。在第一次世界大战期间，工会的重要性有了很大的提升，在 20 年代和 30 年代早期，其重要性有所下降，之后在新政时期，其重要性有了极大的跨越式的提升。在第二次世界大战期间以及战后，工会巩固了它们的利
151 益。近些年，它们只是在坚守阵地，甚至在衰落。这种衰落反映的并不是工会在个别行业或职业内部的衰落，而是反映了以下情况：相对于工会力量薄弱的行业和职业而言，工会力量很强大的那些行业和职业的重要性日渐降低。

从另一个方面来说，我在前面对劳动力垄断和企业垄断所做的区分有些过于泾渭分明。在一定程度上，工会是作为产品销售中强制实行垄断的一个手段在起作用。最明显的例子是煤炭业。《烟煤保护法案》(Guffey Coal Act)试图为煤矿经营者固定价格的卡特尔提供法律支持。在 30 年代中期，当这一法案被宣布为违宪时，约翰·L. 刘易斯(John L. Lewis)和煤矿工人联合会(United Mine Workers)出面填补了这个空缺。每当已经开采出来的煤炭数量太多，以至于有压低价格的危险时，他们就号召罢工、停工，通过这种方法，刘易斯在整个行业心照不宣的合作下，控制了产出，

因此也控制了价格。从这种卡特尔安排中获得的好处，由煤矿经营者和矿工瓜分了。矿工所获得的好处表现为更高的工资水平，而这当然意味着受雇的矿工变少了。因此，只有那些保住了工作的矿工分享了卡特尔的好处，不过即使是他们，所获得的好处大部分也只是更多的闲暇而已。工会之所以有可能起到这样的作用，根源在于它们不受《谢尔曼反托拉斯法》(Sherman Antitrust Act)的限制。很多其他的工会对这种豁免加以利用；把这样的工会解读为提供使行业卡特尔化之服务的企业，而并非劳动者的组织，更为恰当。卡车司机工会(Teamster's Union)也许是最引人注目的例子。

3. 政府垄断和政府支持的垄断。在美国，在生产供销售的产品方面，直接的政府垄断规模并不大。主要的例子有：邮局、电力生产(比如通过田纳西河流域管理局和其他的国有发电站)，高速公路服务的提供(通过汽油税间接地销售其服务或者通过过路费
直接地销售其服务)，市政自来水厂和类似的工厂。此外，因为有 152
我们目前这样十分庞大的国防预算、航天预算和科研预算，联邦政府实际上已经变成许多企业的产品和若干行业全行业产品的唯一购买者。这给维护自由社会带来了非常严重的问题，但是把这类问题放在“垄断”的标题下加以研究并不是最恰当的。

比起直接的政府垄断发展的情况，私人生产者利用政府来建立、支持和强制实行卡特尔安排以及垄断安排发展得更快，目前看来也重要得多。州际商务委员会(Interstate Commerce Commission)是一个早期的例子，它的范围已经从铁路扩展到货车运输和其他的运输手段。农业保护方案无疑是最臭名昭著的。从本质上讲，

它是由政府强制实行的卡特尔。其他的例子还有控制着广播和电视的联邦通信委员会，控制着州际贸易中的石油和天然气的联邦动力委员会（Federal Power Commission），控制着航线的民用航空委员会（Civil Aeronautics Board），以及联邦储备委员会（Federal Reserve Board）强制推行的银行能够向定期存款支付的最高利率和禁止向活期存款支付利息的法律禁令。

这些例子是联邦层面的。此外，在州的层面和地方层面，类似的发展也大量涌现。得克萨斯州铁路委员会（Texas Railroad Commission）——据我所知它与铁路毫无关系——强制实行油井产出限制，其方法是限制油井可以进行生产的天数。它是以保护的名义这样做的，但实际上其目的是控制价格。近些年联邦对石油的进口配额对它有极大的帮助。在我看来，让油井在大部分时间里闲置，以便保持价格坚挺，这样做就是限产超雇（featherbedding），它与给内燃机车的司炉工付酬让其赋闲的那种限产超雇是完全一样的。有些企业界的代表，他们在指责劳动力方面的限产超雇违
153 背了自由企业（尤其是石油行业本身）的原则时声浪最高，然而面对石油的限产超雇，他们却异常沉默。

关于职业许可证核发的规定（将在下一章中讨论）是州的层面上由政府创制和支持的垄断的另一个例子。对能够运营的出租车的数量进行限制，是地方层面上类似限制的一个例子。在纽约，代表着运营一辆独立的出租车之权利的经营牌照，目前售价为20 000—25 000美元；在费城，售价是15 000美元。地方层面的另一个例子是建筑规章的制定，从表面上看，这些规章是为了公共安全而制定的，但实际上它们一般都是被地方建筑工会或私人承包

商协会所控制的。这样的限制多如牛毛，它们所针对的是城市层面和州的层面上种类极其繁多的活动。所有这些限制其实都是对个人之间进行自愿交换之能力的武断的制约。它们限制了自由，同时也加剧了资源的浪费。

有一种政府创制的垄断，与目前为止所讨论过的垄断在原则上大相径庭——那就是向发明者授予专利以及向作者授予版权。这些垄断是不同的，因为它们同样可以被看作对产权的定义。从字面意思上看，如果我拥有某一块特定土地的产权，那么就可以说我垄断了这块土地，这种垄断是由政府定义并强制执行的。至于在发明和出版方面，问题则在于确立一种与此类似的产权是否可取。这个问题是下述普遍需求的一个组成部分，即利用政府来规定什么应该、什么不应该被视为产权的普遍需求。

很显然，在专利和版权两个领域，乍看起来，都存在需要确立产权的充分理由。除非做到这一点，否则，发明者将会发现，他很难或者不可能因为他的发明为产出所做的贡献而获得报酬。也就是说，他将给其他人带来利益，但他并不能从中得到补偿。因此，
将没有任何激励因素促使他投入必要的时间和努力去做出发明。154
类似的考量也适用于作家。

与此同时，还涉及成本问题。首先，有很多“发明”是没有办法获得专利的。例如，超市的“发明者”给他的同胞们带来了巨大的好处，但他并不能因此而向他们收费。如果一种发明和另一种发明所需要的能力是相同的，就这一点而言，专利的存在趋向于把人们的活动导向可以获得专利的那些发明。其次，那些微不足道的专利，或者在法庭上受到质疑时其合法性不能被完全确定的那些

专利，经常被用作维持私人共谋式安排的一种手段；如果没有它们，这些安排维持起来会更加困难，或者根本不可能得到维持。

以上是对一个十分困难且重要的问题非常肤浅的评论。这些评论的目的不是要提出任何具体的答案，而仅仅是要说明为什么专利和版权所属的类别不同于其他政府支持的垄断，同时指出专利和版权所引起的社会政策问题。有一点是非常清楚的。关于专利和版权的具体情况——例如专利保护的授权期限为 17 年而不是别的时间长度——并不是原则性问题。它们是便利性问题，要根据现实的考量来决定。我自己倾向于相信，更短的专利保护期限是更加可取的。但是，对于一个已经存在很多深入研究并且需要更多研究的话题而言，这是比较随意的一种判断。因此，请不要太相信这个判断。

垄断的来源

垄断有三个主要来源："技术性"考量，直接和间接的政府协助，以及私人共谋。

155 **1. 技术性考量。** 正如第 2 章中已经指出的，在一定程度上，垄断的出现是因为技术上的考量使得只存在一个企业而不是很多企业才会更加有效率或更加经济。最明显的例子是一个社区里的电话系统、供水系统等。不幸的是，没有什么好的办法可以解决技术垄断问题。只能在三个危害之中选择一个：私人的不受管制的垄断，受国家管制的私人垄断，以及政府运营。

要提出一个概括性的主张，说这三个危害之中的某一个总是比其他的更可取，似乎是不可能的。正如第 2 章中说过的，无论政府管制的垄断还是政府运营的垄断，都有严重的缺点，那就是要想将其移除是极其困难的。因此，我倾向于主张这些危害中最轻的是私人的不受管制的垄断——在此种垄断还能够被容忍的所有情形之下。动态的变化很有可能破坏不受管制的私人垄断的根基，这些动态变化至少有一定的机会可以产生作用。即使在短期内，通常也有更多种类的替代品，比乍看起来要多；因此，在企业将价格定得高于成本的情况下，它们能在多大程度上有利可图——就这一点而言，私人企业其实被限制在很狭窄的范围内。此外，正如我们已经看到的，管制机构本身常常会落入生产者的控制之中，因而受管制的价格不一定比不受管制的价格低多少。

幸运的是，技术性考量使得垄断成为一个可能的或非常可能的结果，这样的情形只在十分有限的领域内发生。它们原本并不会对维护自由经济造成严重的威胁；但是，以此为理由而进行的管制，趋向于蔓延到并无充分理由进行管制的领域——这就可能对维护自由经济造成严重的威胁。

2. 直接和间接的政府协助。 也许垄断力量最重要的来源在于政府的协助，包括直接的和间接的协助。上文已经列举了很多基本上属于直接政府协助的例子。对垄断的间接协助主要是那些为了其他目的而采取的措施；它们带来了在很大程度上是意料之
外的结果，即对现有企业的潜在竞争对手施加限制。也许最明显 156
的三个例子就是关税，税收立法，以及针对劳资纠纷的执法和立法。

强制实行关税当然主要是为了“保护”国内的产业，这意味着

对潜在的竞争对手强行施加障碍。关税总是干预个人进行自愿交换的自由。毕竟自由主义者是把个人而不是国家或者一个特定国家的公民当作基本的单元。因此，如果美国公民和瑞士公民受到阻挠，无法完成对双方都有利的一次交换，自由主义者会认为这和两名美国公民受到阻挠无法完成一次互利的交换一样，都是对自由的侵害。关税并不是必然会引起垄断。如果受保护的产业的市场足够大，而且技术条件允许很多企业的存在，那么，在国内的这个受保护产业里，就有可能存在有效竞争，就像在美国纺织业中一样。不过，关税显然会助长垄断。几个企业进行共谋并固定价格，要比很多企业进行共谋容易得多；同一个国家内的企业进行共谋，通常也比不同国家的企业进行共谋来得更容易。尽管英国的国内市场相对狭小而很多公司规模巨大，在 19 世纪和 20 世纪初，在自由贸易的保护下，英国并没有出现大范围的垄断。起初，在第一次世界大战之后，自由贸易被摒弃，随后，在 1930 年代早期，英国在更大程度上摒弃了自由贸易；从那时以来，垄断在英国已经变成了一个严重得多的问题。

税收立法的影响更加间接，但是也非常重要。主要的影响因素是将企业所得税和个人所得税联系起来，再加上将资本收入放在个人所得税项目下这种特殊处理办法。让我们假设一个公司在缴纳企业所得税之后所挣得的收入为 100 万美元。如果它把 100 万美元全部作为红利分给股东，那么，股东们必须把这种红利纳入
157 他们的应税收入。假设平均起来他们不得不把这种额外收入的 50%作为个人所得税上缴，那么他们将只有 50 万美元可以用于消费、储蓄或者投资。如果这家公司不以现金形式向股东分发红利，

而是将 100 万美元全部用于内部投资。这样的再投资会趋向于提升其股票的资本价值。那些如果被分到红利也会将其储蓄起来的股东，只要继续持有股票就可以了，他们可以把所有的税款都推迟到他们出售股票的时候。这些股东，以及在更早的时候售出股票以便实现收入、用于消费的其他那些人，将会按照资本收入的税率缴纳税款，这个税率比一般的所得税税率要低一些。

这样的税收结构鼓励企业保留其收益。即使把收益用于企业内部投资赚得的回报明显少于股东自己把这笔钱投资到企业以外能够赚得的回报，把收益用于内部投资可能仍然是划算的，因为能够省去纳税的钱。这会导致资本的浪费，导致资本被用于效益比较低的用途，而不是效益更高的用途。正是由于这个主导性原因，第二次世界大战以后，伴随着企业为它们的收益寻求出路，出现了横向多元化（horizontal diversification）趋势。这也是已有的企业——相对于新企业而言——所拥有的一个巨大的力量源泉。已有企业的效益可能比新企业低，但股东们有动机向已有企业投资，而不是出售股票，以便他们能够通过资本市场把钱投资到新企业里去。

劳动力垄断的一个主要来源就是政府的协助。上面所讨论的关于职业许可证核发的规定、建筑规章等，都是一个来源。给予工会以豁免权的立法——比如免受反托拉斯法的约束、对工会责任的限制、在特别法庭出庭的权利等——是另一个来源。或许与以上二者同样重要的，或者比它们更重要的，是一种普遍的舆论氛围和执法方式，即对劳资纠纷过程中发生的行为和在其他情况下发 158
生的相同的行为，采用不同的标准。如果有人把车掀翻，或者毁坏

财物，无论是纯粹恶意为之，还是在报私仇的过程中这样做，没有任何人会伸出援手、保护他们免于承担法律后果。如果他们是在劳资纠纷过程中做出同样的行为，则他们很有可能免受惩罚。若非官方心照不宣的默许，涉及实际的或潜在的身体暴力或胁迫的那些工会行为几乎不可能发生。

3. 私人共谋。 垄断的最后一个来源是私人共谋。正如亚当·斯密所说的："同业中人即使为了娱乐或消遣也很少聚集在一起，但他们谈话的结果，往往不是对付公众的阴谋便是筹划抬高价格的计谋。"[③]因此，这种共谋或私人卡特尔安排一直在不断增长。不过，它们通常都是不稳定的且持续时间很短——除非它们能够请出政府给予协助。卡特尔的建立提高了价格，因而使得局外人进入该行业更加有利可图。此外，更高的价格之所以能形成，依靠的完全是参与者限制他们自己的产出水平，使其低于在固定价格下他们真正想要产出的水平；因此，每个参与者都有动机独自降低价格，以便扩大产出。当然，每个参与者都希望其他人会遵守协定。只要有一个骗子，最多也只需几个"骗子"——他们其实是公众的救星——就能打破卡特尔。如果在执行卡特尔时没有政府的协助，那么，差不多可以肯定，这些人很快就能达成目的。

159 我国反托拉斯法的主要作用在于限制这样的私人共谋。在这方面，反托拉斯法的主要贡献，更多的是通过其间接影响——而不是实际的诉讼——来实现的。反托拉斯法限制了显而易见的共谋

③ 参见《国富论》[*The Wealth of Nations*(1776 年)，坎南(Cannan)编，伦敦：1930 年版，第一篇第 10 章第二部分，第 130 页]。

手段，比如专门为此目的而举行的公开集会，因而使得共谋的代价更加昂贵。更重要的是，反托拉斯法重申了以下普通法原则，即法院不会强制执行那些限制贸易的联合(combinations in restraint of trade)。在许多欧洲国家，法院会强制执行这样的协议——该协议由若干企业共同达成，其主旨是仅通过一个共有的销售机构进行销售，并要求违反协议的企业支付明确规定的罚金。在美国，法院不会强制执行这样的协议。欧洲国家的卡特尔比美国的卡特尔更稳定、更普遍，这种区别是主要原因之一。

适当的政府政策

在政府政策领域，首要的和最紧迫的必做之事是取消那些直接支持垄断(无论是企业垄断还是劳动力垄断)的措施，同时对企业和工会一视同仁地公正执法。企业和工会都应该受反托拉斯法的约束；涉及与损坏财物有关的法律以及与干预私人活动有关的法律时，企业和工会都应该受到同样的对待。

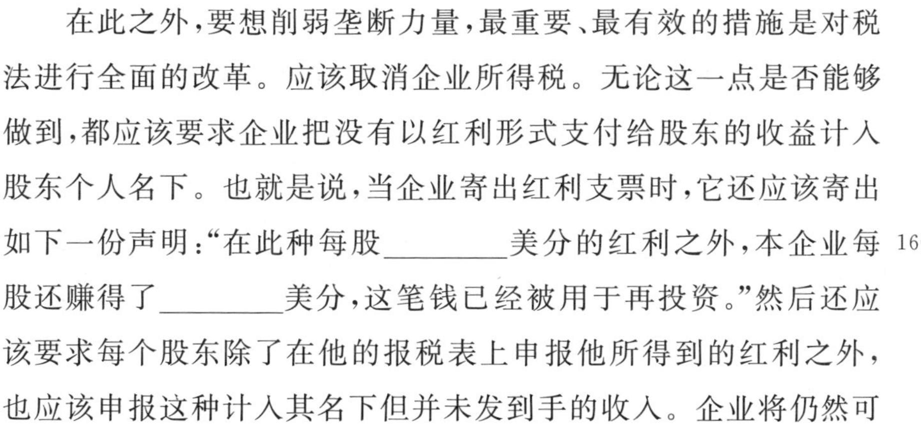

在此之外，要想削弱垄断力量，最重要、最有效的措施是对税法进行全面的改革。应该取消企业所得税。无论这一点是否能够做到，都应该要求企业把没有以红利形式支付给股东的收益计入股东个人名下。也就是说，当企业寄出红利支票时，它还应该寄出
如下一份声明："在此种每股________美分的红利之外，本企业每 160
股还赚得了________美分，这笔钱已经被用于再投资。"然后还应该要求每个股东除了在他的报税表上申报他所得到的红利之外，也应该申报这种计入其名下但并未发到手的收入。企业将仍然可

以自由地把收益用于再投资，想投多少就投多少；但是，它们再投资的动机没有别的，仅仅是正常的动机，即比起股东把钱投到其他地方，企业通过内部投资能够挣得更多的钱。在为资本市场注入活力、刺激企业发展、推动有效竞争方面，几乎没有什么措施能够比这个办法更有效。

当然，只要个人所得税像现在这样，不同等级的税率之间差别巨大，那么，人们就会迫不得已去寻求规避个人所得税之影响的办法。通过这种方式，同时通过所得税本身的直接作用，不同等级的税率之间差别巨大的所得税制度对于有效利用我们的资源构成了严重的障碍。恰当的解决办法是大幅度降低那些比较高的税率，同时还要清除那些包含在目前法律中的规避手段。

企业的社会责任和劳动力的社会责任

以下观点，正在被广泛接受，即企业的高管和工会领袖有一种“社会责任”，这种责任超越了仅仅服务于他们的股东或者工会会员的利益。这样的观点显示了对自由经济的特点和本质的重大错误认识。在自由经济中，企业有且只有一个社会责任，那就是利用其资源，谋划并从事能够增加其利润的那些活动，唯一的条件是企业必须服从游戏规则，即进行公开和自由的竞争，没有欺骗或欺诈行为。类似地，工会领袖的“社会责任”是服务于其工会会员的利益。而建立一个法律框架，是除了企业高管和工会领袖以外的我们剩下这些人的责任；这个法律框架必须使个人在追求他自己的利益时——这里要再次引用亚当·斯密的话——“受一只看不见

的手的指引，去尽力达到一个并非他本意想要达到的目的。也并
不因为事非出于本意，就对社会有害。他追求自己的利益，往往使 161
他能比在真正出于本意的情况下更有效地促进社会的利益。我从来没有听说过，那些假装为公众幸福而经营贸易的人做了多少好事。”④

若企业高管接受了为其股东尽可能多地赚钱以外的事情作为其社会责任，则会彻底破坏我们这个自由社会的真正的根基；几乎没有什么趋势能拥有同样大的破坏力。从根本上说，这是一个具有颠覆性的原则。如果在为股东赚取最多的利润以外，企业家真的有社会责任，那么，他们如何能知道这种责任到底是什么呢？自我推选出来的个人能够决定社会利益之所在吗？他们能决定为了服务于这样的社会利益他们有理由给自己和其股东增添多大的负担吗？有这样一些人，他们只是恰好在某个时候掌管特定的企业，并且他们是由严格意义上的私人团体挑选出来担任此种职务的——由他们来行使税收、支出和控制这些公共职能是可以忍受的吗？如果企业家是公务员而不是受雇于其股东的雇员，那么，在民主国家中，他们早晚都会通过像选举和任命这样的公开手段被挑选出来。

然而，早在这种情况发生之前，他们的决策权力就会被夺走。一个令人印象深刻的例证就是 1962 年 4 月美国钢铁公司（U. S. Steel）取消了一次钢铁价格的上调；为使其取消价格上调，使用的是如下手段：肯尼迪总统公开表示他对此的愤怒，并威胁要进行报

④　参见《国富论》（1776 年），坎南编，伦敦：1930 年版，第四篇第二章，第 421 页。

复，包括从反托拉斯诉讼到对钢铁业高管的纳税申报进行审查的各种层面的报复。这是个让人难忘的事件，因为它公开展现了集
162 中于华盛顿的极大的权力。它让我们都意识到，建立一个警察国家所需要的权力中，有多少早已经准备妥当了。它也说明了我们正在讨论的这个要点。如果钢铁的价格——像社会责任原则所宣称的那样——是一个公共的决定，那么，就不能允许以私人的方式做出决定。

该原则（以上例子就是该原则的一个例证，而且最近一段时间以来该原则十分惹人注目）的特殊之处在于，它声称企业和劳动力有如下社会责任，即保持较低的物价和工资率，从而避免物价膨胀。假定在物价有上行压力的时候（当然，归根结底，这反映的是货币存量的增加），每个企业家和工会领袖都愿意承担这个责任，并假定他们所有人都能成功阻止一切物价上涨，从而实现自愿的物价控制和工资控制，没有出现公开的通货膨胀。结果将会怎样呢？显然是产品短缺、劳动力短缺、灰市和黑市。如果不允许价格来对物品和工人做出分配，那么必定有其他手段来进行分配。其他供选择的分配方案有可能是私人的吗？也许在一定时期内，在比较小且不重要的领域内是有可能的。但是，如果所涉及的物品非常多且十分重要，那么必然会存在压力——很有可能是无法抗拒的压力——要求由政府分配物品，由政府制定工资政策，以及由政府采取措施来配给和分配劳动力。

如果价格控制——无论是法定的还是自愿的——被有效地强制执行，最终将会导致自由企业制度的毁灭，导致自由企业制度被一种中央控制的制度所替代。而这样一种中央控制的制度甚至无

法有效地阻止通货膨胀。历史为我们提供了充足的证据:决定价格平均水平和工资平均水平的是经济体中的货币数量,而不是企业家或者工人们的贪婪。政府之所以要求企业和劳动力进行自我约束,是因为它们没有能力做好它们自己的事情(其中包括对货币的控制),也是因为人类天生就有推卸责任的倾向。

我觉得我有义务谈一下社会责任领域的一个议题,因为它影 163
响到我自己的个人利益,那就是以下这样一种说法:企业应该在支持慈善活动尤其是大学方面有所贡献。在一个企业自由经营的社会中,这样的企业捐赠是对企业资金的不当使用。

企业是拥有它的股东们的一个工具。如果公司做出捐赠行为,那么它就妨碍了每个股东自己去决定应该如何处置他的资金。考虑到企业所得税,以及捐赠可以抵扣税款,股东们当然可能想让企业来代表他们做出捐赠,因为这样将使他们能够做出金额更大的捐赠。最佳的解决办法是废除企业所得税。但是,只要企业所得税还存在,那么,就没有任何理由证明向慈善机构和教育机构做出的捐赠可以抵扣税款是合理的。应该由个人做出这样的捐赠,他们才是我们的社会中财产的最终所有者。

有些人以自由企业的名义强烈要求提高这种企业捐赠的税款抵扣幅度;从根本上说,他们是在与他们自己的利益唱反调。人们常常提出的对现代企业的主要不满之处,就是它涉及所有权和控制权的分离——企业变成了一个社会机构,它本身就是自己的法律,其高层管理人员不负责任且不为股东的利益服务。这项指控并不属实。但是,目前的政策走向,即允许企业进行慈善捐赠,允许因此而抵扣所得税税款,而这其实就是朝着如下方向迈出的一步:促使所有权和控制权真正地分道扬镳,并逐渐破坏我们社会的基本性质和特点。这是朝着远离个人主义社会的方向迈出的一步,是向社团主义国家(corporate state)靠拢的一步。

第 9 章　职业许可

中世纪行会制度被推翻，是自由能够在西方世界崛起的一个 165
必不可少的初始步骤。到了 19 世纪中期，在英国和美国，人们可以从事他们希望做的任何行当或职业，而无须任何政府当局或准政府当局的许可；在一定程度上，欧洲大陆的情况也是如此。这是自由主义观念获得胜利的标志，人们也确实普遍认同这一点。在最近几十年中，出现了倒退的情况，越来越明显的趋势是，从事特定职业受到限制，只有经过政府授权的个人才有资格从业。

对个人按照其意愿使用其资源之自由的这些限制，本身就非同小可。此外，它们还提出了另外一组问题，我们可以运用本书前两章中确立的那些原则来分析这些问题。

首先，我将会从总体上讨论这个问题，然后再讨论一个具体的实例，即对从事医药工作的限制。选择医药行业是因为讨论一个最有理由实行职业限制的领域似乎是更为可取的——只打倒那些无足轻重的假想敌是了解不到什么东西的。我推测，大多数的人，甚至可能是大多数的自由主义者都相信，将从事医药行业的人限定于那些获得了国家颁发的职业许可的人群是可取的。比起很多其他领域，在医药领域实行职业许可制度有更加充分的理由，这一点我是赞同的。然而，我将得出的结论是：即使在医药领域，自由主义原则也不能证明职业许可制度的合理性，并且，在实践中，在医药领域实行国家许可制度的后果是不受欢迎的。

对于人们可以从事何种经济活动的无所不在的政府限制

职业许可制度是一个更加普遍并且广泛存在的现象——通过
166 法令来规定只有在符合国家法定部门规定的条件时个人才能从事特定经济活动——的特例。中世纪行会是这样一种公开制度的一个特殊例子——这种制度明确规定什么样的人应该被允许从事特定职业。印度种姓制度是另外一个例子。限制都是由普遍流行的社会习俗而不是明确地由政府来强制实施的——就种姓制度而言，在很大程度上情况正是这样，而在一定程度上，行会也是如此。

关于种姓制度，有一个普遍的观点，即每个人从事什么职业完全是由他出生于哪个种姓阶层决定的。对一个经济学家来说，很明显，这是一个不可能的制度，因为它规定了一种僵化的将人分配于各行业的方式，这种分配完全取决于出生率，需求情况根本不起任何作用。当然，这不是种姓制度真正的运作方式。真实的情况是(过去是如此，在一定程度上，目前仍然如此)：数量有限的职业只保留给特定种姓阶层的成员，不过，并不是那些种姓阶层的每个成员都会从事那些职业。有一些一般的职业，比如和农事有关的一般性工作，各种姓阶层的成员都可以参与。这样一来，调整不同职业中的劳动力供给，使供给适应对劳动力所提供的服务的需求，就成为可能。

目前，关税、公平贸易法、进口配额、生产配额、工会对雇工的限制等，也属于类似现象的实例。在所有这些情形中，政府当局决定在何种条件下特定个人能够从事特定活动，也就是说，当局决定在何种条件下一些个人可以与其他人做出订立合同的安排。这些实例——也包括职业许可制度——的共同特点是，法律是站在生产者群体的角度制定的。对于职业许可制度来说，生产者群体通常是一个行业。对于其他的实例来说，生产者群体可能是生产某一特定产品、想要实行关税的群体，可能是面对“使用欺诈手段”的连锁商店的竞争、希望得到保护的小型零售商群体，又或者是石油生产者群体、农场主群体、钢铁工人群体。 167

如今职业许可制度已经相当普遍。根据沃尔特·盖尔霍恩(Walter Gellhorn)的说法(据我所知，他就此所写的简要概述是最好的)：“截至 1952 年，不把那些‘个体企业’(owner-businesses)——比如饭店和出租汽车公司——计算在内，有超过 80 种的不同职业是按照州法律的规定颁发职业许可的；在州法律之外，还有大量的市政条例，更不用说那些要求形形色色的职业(比如无线电操作员和堆料场代理人等)都需要获得职业许可的联邦法规。早在 1938 年，单单北卡罗来纳一个州，就把它的法律触角扩展到 60 种职业。得知药剂师、会计、牙医受到州法律的管辖，可能并不令人吃惊；同样受州法律管辖的还有卫生保健员和心理医生、化验员和建筑师、兽医和图书管理员。但是，如果得知打谷机操作者和碎烟叶商人也需要职业许可，会带来怎样一种发现的惊喜？得知鸡蛋分拣员、导盲犬训练师、害虫防治人员、游艇销售商、树木修整专家、掘井工人、砌砖工人、土豆种植者也需要职业许可又做何感想？得知高级美发造型师在康涅狄格州获得职业许可呢(他们以一种与他们那

听起来很高端的头衔非常相符的庄严姿态移除多余又难看的毛发)?”[①]在那些试图说服立法机构制定像这样的职业许可规定的论点中,所使用的理由是必须保护公众的利益。然而,立法机构针对某一行业颁发职业许可的压力,几乎从来不是来自公众当中那些被从事该职业的人骗取钱财或以其他不合理方式对待的人。相反地,其压力无一例外地来自该行业本身的从业人员。当然,比起
168 其他人,从事该职业的人更清楚他们是如何盘剥消费者的,因此,他们也许可以宣称拥有这方面的专业知识。

类似地,为职业许可制度所做的那些安排,几乎总是涉及这样一种控制,这种控制是由需要颁发职业许可的那个行业的从业人员施加的。而且,从某些方面来说,这也是十分正常的。如果要限定只有那些拥有必要的能力和技能、能够为其顾客提供优质服务的人才能从事水管工这一行业,那么很显然,只有水管工才能够判断谁应该被授予职业许可。因此,几乎无一例外地,颁发职业许可的委员会或其他团体主要是由水管工,或药剂师,或医生,或任何要颁发许可之行业的从业者组成的。

盖尔霍恩指出:“如今,这个国家中运转着的职业许可委员会里面,有75%是完全由相关职业中已经获得职业许可的从业者组成的。这些男人和女人们——他们中的大多数人仅仅是业余的官员——可能与他们所做的很多决定有直接的经济利益关系,这些决定涉及准入要求以及如何定义获得职业许可者应该遵循的标

---

① 参见沃尔特·盖尔霍恩:《个人自由与政府限制》(*Individual Freedom and Governmental Restraint*),巴吞鲁日:路易斯安那州立大学出版社1956年版。章节题目为“谋生的权利”(The Right to Make a Living),第106页。

准。更重要的是，一般来说，他们直接代表着各职业当中的有组织的群体。他们通常都是由这些群体提名，准备下一步由州长或其他长官任命，这种任命往往只是走形式。这种走形式也经常被完全抛弃，直接由职业协会做出任命——比如北卡罗来纳州的入殓师、亚拉巴马州的牙医、弗吉尼亚州的心理学家、马里兰州的医生和华盛顿的律师就是这样。”②

因此，从根本上说，颁发职业许可所确立的，常常是中世纪行 169
会那样的法规，政府通过这样的法规将权力授予从事该职业的人员。在实践中，在决定哪些人可以获得职业许可时所考虑的因素，经常涉及一些在外行人看来与专业能力完全没有任何关系的事情。这并不令人惊讶。如果将由几个人来决定其他人是否可以从事一个职业，各种各样不相关的考虑都有可能被包括进来。而那些不相关的考虑到底会是什么，则取决于职业许可委员会成员们的性格以及当时的社会氛围。盖尔霍恩注意到，在对共产主义颠覆活动的恐惧席卷全国的时候，各个职业都要求宣誓效忠达到了何种程度。他写道：“得克萨斯州 1952 年的一部法规要求每个申请药剂师职业许可的人发誓说，他‘不是共产党的成员，不从属于共产党，不相信、不从属于也不支持任何下列团体或组织：该团体或组织相信、推动或教唆以武力或任何违法的或违宪的手段推翻美利坚合众国政府’。一方面是这个誓言，另一方面是公共卫生，即号称要通过给药剂师颁发职业许可来保护的利益，二者之间的关系，是有些令人费解的。同样让人摸不着头脑的是，有什么正当

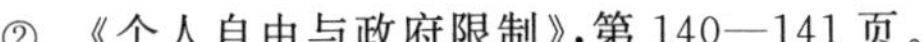

② 《个人自由与政府限制》，第 140—141 页。

理由要求印第安纳州的职业拳击手和摔跤运动员发誓说他们不是颠覆分子……一位初中音乐教师，在被发现是共产党员之后，被迫辞职；他想在哥伦比亚特区做钢琴调音师，遇到了重重困难，原因当然是‘他被共产主义信条所影响’。华盛顿州的兽医不能照顾生病的母牛或者小猫，除非该兽医先签署一份非共产党员的誓词。”③

170 无论一个人对共产主义的态度是怎样的，这些强行设置的要求和颁发职业许可原本想要保证的那些能力之间的关系，是十分牵强的。有时候，这些要求花样百出简直到了荒唐可笑的程度。这里再引用几段盖尔霍恩的文字，可能会带来一点儿轻松搞笑的效果。④

最有趣的规定之一是针对理发师的——在很多地方，这个行业都必须经过职业许可。这里有一个例子，一部法规被马里兰州法院判定为无效，尽管类似的语言能够在其他州的法律法规中找到，在那里，这样的法律法规被宣布为合法的。“有一个法令，规定新进理发师必须接受过以下方面的正式教育：‘关于理发、卫生和细菌学的科学基础；毛发、皮肤、指甲、肌肉和神经的组织结构；头部、脸和颈部的结构；与杀菌和消毒有关的基础化学知识；皮肤、毛发、腺体和指甲的疾病；理发，以及对毛发的剃除、整理、梳理、染色、脱色和轻微染色’，法院认为以下情况令人十分沮丧，而不是让

③ 《个人自由与政府限制》，第129—130页。

④ 为了对沃尔特·盖尔霍恩公平起见，我应该指出，他并不像我一样持有如下观点，即这些问题的正确解决办法是放弃职业许可。相反地，他认为尽管目前的职业许可有点太过头了，但是它是能够起到一些实际作用的。他建议进行程序上的改革和变动，在他看来，这些将会对职业许可安排的滥用起到限制作用。

人惊叹。”[5]还有以下这段也是关于理发师的:“1929 年的一个关于理发师行业法规的研究,挑选了 18 个州作为代表,那时候,这 18 个州当中,没有一个州有人致力于成为‘理发师学院’的毕业生——尽管在所有的州学徒阶段都是必需的。如今,各州通常都有严格要求,理发师必须从理发师学校毕业,这样的理发师学校提供不少于(常常是远多于)一千学时的‘理论课目’授课,比如给工具消毒,然后仍必须经过学徒阶段。”[6]我相信,这些引文清楚地说 171
明:职业许可的问题,并不仅仅是国家干预问题的一个微不足道的体现;在这个国家,它已然是对个人从事他们所选择的活动之自由的一种严重侵害,而且随着立法机构不断受到压力去扩展职业许可,它十分有可能成为对自由的更为严重的侵害。

在讨论职业许可的利弊之前,有一点值得注意,即我们国家为什么会出现职业许可,以及制定这种特殊立法的趋向揭示了什么样的普遍的政治问题。在各个州有大量的立法机构宣布理发师必须获得由其他理发师组成的委员会的批准,但是,这并不能作为有说服力的证据来证明制定此种法律法规确实是公众利益之所在。对这一现象无疑应该做出不同的解释,即从政治角度看,生产者团体的集中程度常常比消费者团体更高。这是一个显而易见的道理,常常被人提及,但无论怎样强调其重要性,都并不为过。[7] 我

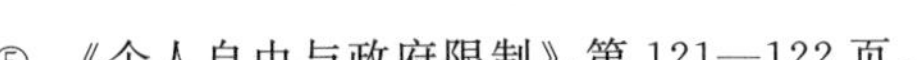

⑤ 《个人自由与政府限制》,第 121—122 页。

⑥ 《个人自由与政府限制》,第 146 页。

⑦ 比如,可以参阅韦斯利·米契尔(Wesley Mitchell)那篇非常有名的关于“花钱的落后艺术”(Backward Art of Spending Money)的文章,载于他的同名文集《花钱的落后艺术》(*The Backward Art of Spending Money*),纽约:麦克劳-希尔出版社 1937 年版,第 3—19 页。

们每个人都是生产者，也都是消费者。然而，我们作为一个生产者的专业程度，比作为一个消费者高得多，我们把大部分的注意力投注到我们作为生产者所从事的活动当中去，比作为消费者所投注的注意力要多得多。我们实际上消费的物品成百上千，甚至成千上万。结果就是，对从事同一行业的人，比如理发师或者医生来说，其行业中的特定问题与他们自身的利益都是休戚相关的，他们也愿意投入很大的精力去帮助解决这些问题。从另一方面来看，我们当中需要理发师服务的那些人，只是偶尔才去理发店，并且在理发店里花费的也只是我们收入的极小的一部分。这一行业对我
172 们来说无关痛痒。我们当中几乎不会有人愿意花费时间去立法机构做证，以便证明对理发行业进行限制有多么不公正。同样的道理也适用于关税问题。有些团体认为特定的关税与他们的利益尤其相关，他们是聚集程度很高的团体，对他们来说，关税问题是举足轻重的。公众的利益则是非常分散的。因此，在缺乏能够抵消特定利益群体之压力的任何总体安排的情况下，比起彼此各不相同而又非常分散的消费者利益，生产者团体总是会对立法行为和当权者产生更大的影响。确实，从这个角度看，难解之谜并不在于我们为什么有这么多愚蠢的职业许可法规，而在于我们为什么没有更多愚蠢的职业许可法规。难解之谜在于，在政府对个人生产活动的控制之下，我们究竟如何成功地获得免于此种控制的相对自由——在我国，我们拥有过且现在也仍然拥有这样的自由，而其他国家的人们也拥有这样的自由。

我能想到的抵消特殊生产者团体之影响的唯一办法，是树立一种普遍的假定原则，即假定应该禁止国家从事特定活动。只有

当人们普遍认识到，面对某一类型的情况，政府的活动应该受到严格的限制时，才能让举证的责任切实落在可能会偏离这种假定的那些人身上，从而有希望限制以下情况的蔓延，即通过特殊措施来促进某些人的特殊利益。这是我们已经反复提及的一个观点。这个观点与为《权利法案》辩护的观点，以及认为应该采用单一规则管理货币政策和财政政策的观点，都是协调一致的。

职业许可引起的政策问题

区别以下三种不同层次的控制是很重要的：第一种，注册；第二种，认证；第三种，颁发职业许可。

我所说的注册，是指这样一种安排：如果个人从事特定类型的
活动，那么他们会被要求将自己的姓名登记在某种官方名册上。173
对于愿意登记其名字的人，不存在任何规定来否决其从事该活动的权利。可能会以注册费或一种纳税项目的名义向个人收取费用。

第二种层次是认证。政府机构会就个人是否拥有特定技能进行认证，但可能并不会以任何方式阻止没有此种认证证书的人运用相关技能从事任何职业。会计工作就是一个例子。在大多数州，任何人都可以成为一名会计，无论他是不是注册会计师；但是，只有那些通过了特定考试的人，才能在他们的名字后面加上 CPA 的头衔，或者在其办公室里挂上牌子，说他们是注册会计师。认证常常只是一个中间过渡阶段。在很多州，出现了这样一种趋势：限定只有注册会计师才能进行某些活动，而这些活动的范围不断扩大。就这些活动而言，其实已经是职业许可，而不是认证了。在有些州，“建筑师”是一个只有通过了指定考试的人才能使用的头衔。这是认证。它并不阻止任何其他人从事这一行当，就如何盖房子向人提供咨询并收取费用。

第三个阶段就是真正的职业许可了。这种安排是这样的：要从事某一行业，个人必须从公认的权威机构获得许可。这种许可绝不仅仅是一种形式。它要求个人展示出其能力，或通过一些号称为了确保能力而设计的测试；如果没有获得许可，任何人都不会被授权从事相关行业，如果真的从业，则有可能会被处以罚款或被判刑。

我想要研究的是如下问题：在何种情况下（如果真存在此种情况的话），我们能够证明这些控制措施中的某一个是正当合理的？在我看来，可以根据三个不同的理由来证明注册的合理性，证明它符合自由主义的原则。

174 首先，注册能够协助实现其他目标。我来解释一下。警察常常关注暴力行为。在事件发生之后，查出谁有机会获得枪支是可取的。在事件发生之前，防止枪支落入那些可能将其用于违法目的的人手中，是可取的。将销售枪支的商店注册在案，会有助于实现这一目标。当然——请允许我再重复一下在前面的章节中多次提及的论点——只说按照类似的思路有**可能**存在正当理由，远远不足以得出结论，以证明**确实存在**正当的理由。必须列一张优缺点平衡表，说明按照自由主义原则来看其优点和缺点何在。我现在要说的仅仅是：虽然按照一般假定原则来看，要求人们进行注册登记是不可取的，但是，上述因素在某些情况下也许可以证明暂时忽略该假定原则的合理性。

其次，注册有时候是为税收提供便利的一种手段，仅此而已。这样一来，需要讨论的问题就变成了：特定的税收项目是否是一种适当的手段，用以筹集岁入、为必要的政府服务提供资金；以及注册是否为税款的征收提供了便利。注册可能会起到这种作用，要么是因为税收项目是针对注册登记者征收的，要么是因为注册登记者被当作了税务员。例如，在征收针对各种消费品的销售税时，建立一个所有销售应税商品的场所的登记簿或名单，是很有必要的。

再次，这是与我们的主要关注点比较接近的一个有可能证明注册之合理性的理由——注册可以成为保护消费者不受欺诈的一种手段。一般来说，自由主义原则将强制执行合同的权力授予政府，而欺诈涉及对合同的违背。当然，是否应该大费周章地在欺诈发生之前保护人们免受其害，是有待商榷的，因为这样做必然牵扯到对人们自愿达成的合同的干预。但我认为，不能因为原则就排除以下可能性，即可能存在十分容易引起欺诈的特定活动，以致提 175
前建立一个从事相关活动的人员名单是可取的。出租车司机的注册登记也许是这方面的一个例子。在夜晚载客的出租车司机可能非常容易窃取乘客的东西。为了制止这样的行为，以下做法是可取的：建立一个从事出租车驾驶业务的人员名单，给每位司机一个号码，并要求他们把这个号码放置在出租车内，因此，任何权益受侵害者只需记住出租车的号码即可。这仅仅涉及运用警察的力量保护个人，使其免受其他人的暴力行为，而且可能是达到此目的最方便的办法。

证明认证的合理性要更加困难。原因在于，一般说来，这是私人市场可以自己做到的事情。无论是对于产品还是对于向人们提供的服务，这个问题都是一样的。在很多领域内都有私人认证机构，可以认证一个人的能力或者某个特定产品的质量。“好管家”图章就是一种私人认证安排。针对工业产品，有私人检测实验室来证明某个特定产品的质量。针对消费品则有消费品检测机构，其中在美国最有名的当属消费者联合会（Consumer’s Union）和消费者调查（Consumer’s Research）。商业促进局（Better Business Bureaus）是认证各商业企业资质情况的志愿组织。技术学校、学院和大学可以认证其毕业生的资质。零售商和百货公司的功能之一就是认证他们所销售的各个产品的质量。消费者对商店逐渐信任，相应地，商店就有动力通过检验其所销售的产品的质量来获得这种信任。

但是，可能会有人提出，在某些情况下——甚至在很多情况下——个人可能非常愿意为自发认证付费，但自发认证将不会发展到个人乐见其发展到的那种程度，因为使认证情况不外泄是很
176 困难的。从根本上来说，这个问题与专利和版权所涉及的问题是一样的，即个人是否有能力赢得他们为其他人所提供的服务的价值。如果我做对人进行认证这门生意，我可能没有什么有效的办法要求你为我的认证付费。如果我把手中的认证信息出售给一个人，我怎样才能阻止他把信息传给别人呢？因此，在认证这件事上，可能无法实现有效的自愿交换——尽管认证是一种人们在必要情况下愿意为其付费的服务。克服这个难题的一个办法——正如我们克服其他类型的邻里效应问题一样——是由政府进行

认证。

证明认证之合理性的另一个可能的依据是以垄断为理由。认证具有技术垄断的一些特点，因为进行认证的成本，大体上与认证信息将会传递给多少人无关。然而，关于垄断是否无可避免这一点，根本没有十分确定的回答。

在我看来，要证明职业许可的合理性，还要更困难一些。在侵害个人自愿订立合同的权利方面，职业许可为害更甚。尽管如此，还是存在一些证明职业许可之合理性的理由，自由主义者也不得不承认这些理由符合他自己对恰当的政府行为的设想；不过——一如既往地——必须仔细权衡其优点和缺点。与自由主义者密切相关的主要理由是邻里效应的存在。最简单、最显而易见的例子是招致流行病的“无能的”医生。如果这位医生伤害的只是他的病人，那么，这就仅仅是一个病人及其医生之间自愿订立合同和自愿交换的问题。就这一点而言，没有任何进行干预的理由。不过，也有人主张说，如果医生对病人治疗不当，那么他有可能引发流行病，给与医患直接交易不相关的第三方带来伤害。在这样的情况下，可以想见，每个人——甚至包括潜在的病人和医生在内——都 177
会愿意接受以下做法，即限定只有“有能力”的人才能从事医药行业，以便阻止此种流行病的出现。

在实践中，职业许可的倡导者们所给出的并不是上述理由——上述理由对自由主义者是有一定吸引力的——而是一种完全家长式的、几乎没有任何吸引力的理由。据他们说，个人没有足够的能力选择为他们自己服务的人——医生、水管工或理发师。要想让一个人理智地选择医生，他必须自己就是一名医生。因此，据他们说，我们中的大多数人都是能力不足的，必须防止我们自己的无知伤害我们。这相当于说，作为投票者的我们必须保护我们自己——作为消费者——不受我们自己的无知之害，方法就是务必使人们不接受无能的医生、水管工或理发师的服务。

到此为止，我已经列举了支持注册、认证和职业许可的理由。很显然，在这三种情况下，都存在很高的社会成本，上面提到的任何一种优点，都必须与社会成本进行权衡。这些社会成本，有的前面已经提到了，下文我将以医药行业为例对其进行更详细的阐释，不过在这里记述一下社会成本的一般形式，可能也是很有意义的。

最显而易见的社会成本在于：这些措施中的任何一个，无论是注册、认证还是职业许可，几乎都不可避免地会成为特殊生产者群体手中的工具，被用来获取垄断地位，而这些群体以外的公众则为此付出代价。没有任何方法可以避免这种结果。人们可以设计出这样或那样一套程序上的控制，以期避免这一结果，但没有任何控制有望克服由于生产者利益比消费者利益更加集中而引起的难题。对类似这样的任何安排最为关注、最为坚决地要求执行它且
178 对其管理最为关切的那些人，将会是从事相关职业或行业的人。他们必定会强烈要求将注册扩展为认证、将认证扩展为职业许可。一旦实现了职业许可，那些可能想要削弱规则的人，将会受到阻拦，无法施加他们的影响力。他们不会得到职业许可，所以必须去从事其他的行业，从而对此失去兴趣。结果总是由该行业本身的从业人员来控制进入，并因此而树立垄断地位。

从这方面来说，认证的害处要小得多。如果获得认证者“滥用”他们的特殊认证；如果在认证新入行者时，该行业的从业人员

强制推行不必要的严苛要求，过度地减少从业者的数量，那么获得认证者和没有认证者之间的价格差异将会变得非常大，足以促使公众使用没有认证者的从业者的服务。用专业术语来说，对获得认证的从业者之服务的需求弹性将会是相当大的，获得认证的从业者能够利用他们的特殊地位剥削公众的范围是很小的。

因此，只有认证而没有职业许可，就是只进行了一半的工程，它使得对民众的保护——保护他们不受垄断之害——能够在很大程度上得以维持。它也有它的缺点，但是，值得注意的是：支持职业许可常用的那些理由，尤其是家长式的理由，单单认证就几乎可以完全满足。如果理由是我们太无知了，判断不出哪些人是好的从业者，我们所需要的就只是让相关信息随手可得。如果在知识充分的情况下，我们仍然想要寻求那些没有认证者的服务，那就是我们自己的事情；我们不能抱怨说我们没有得到信息。既然由并非某一行业从业人员的那些人提出的支持职业许可的理由，可以如此全面地由认证来满足，我个人觉得很难找到什么情形来证明在该情形之下职业许可是合理的而认证是不合理的。

即使是注册，也有着显著的社会成本。它是迈向如下一种体制 179
的重要的第一步：在这样的体制中，每一个人都必须携带身份证，每一个人在做事之前都必须先告知当局他计划要做什么。此外，正如前文已经提到过的，注册往往是通向认证和职业许可的第一步。

医药行业的职业许可

医药行业是这样的一种行业：在这里，长久以来，医药工作被限定于那些拥有职业许可的人。如果突然被问到，“我们应该让无能的医生给人看病吗?”这个问题似乎只容许否定的回答。但是，我特别想说的是，再重新考虑一下这个问题，也许会让我们不再那么确定。

首先，职业许可是医药行业能够对医生人数实施控制的关键所在。要想理解为什么会这样，需要讨论一下医药行业的结构问题。美国医学会(American Medical Association)也许是美国最强大的工会。工会之权力的核心，在于它有权限制可以从事该行业者的人数。通过强制实行比正常情况下通行的工资更高的工资水平，可以间接地实施这种限制。如果能够强制实行这样的工资水平，将会削减能够找到此种工作者的人数，因而间接地削减从事该行业者的人数。这种限制方法存在一些缺点。总是会有那么一些心怀不满的外围人群试图进入该行业。如果工会能够直接限制进入该行业者——曾经试图寻找此种工作者——的人数，那么它的日子会过得更滋润。那些失望恼怒和心怀不满的人从一开始就被排除在外，工会无须因为他们而忧心忡忡。

美国医学会就处于这样的地位。它是这样一种工会——它能
180 够限制进入者的人数。它如何做到这一点？最重要的控制发生在医学院入学阶段。美国医学会之下的医学教育和医院委员会(Council on Medical Education and Hospitals)负责对医学院进行核准。一所医学院为了进入美国医学会的获批学校名单并且不被淘汰，它必须达到该委员会的要求。在为压力所迫必须减少人数的不同时期，委员会的权力曾经得到过展示。例如，在1930年代的大萧条期间，医学教育和医院委员会给各医学院写了一封信，说

医学院招收的学生太多，无法很好地培养他们。在接下来的一两年中，每个学校都削减了招生人数，这是非常有力的间接证据，以证明委员会的提议是有一定效果的。

委员会的批准为什么这样重要？如果委员会滥用权力，为什么没有未经批准的医学院出现呢？答案是：在美国几乎所有的州，一个人必须获得职业许可才能行医，而要想获得职业许可，就必须成为获得批准的院校的毕业生。在几乎所有的州，获得此种批准的院校的名单，与被美国医学会之下的医学教育和医院委员会批准的院校的名单，是完全相同的。这就是职业许可的规定成为有效控制招生之关键的原因。它具有双重功效。一方面，职业许可委员会的成员永远都是医生，因此，在人们申请职业许可的阶段，他们就拥有一定的控制力。比起医学院层面的控制，这种控制的有效性更加有限。在要求职业许可的几乎所有行业中，为了获得许可，人们都可以进行多次尝试。如果一个人尝试的时间足够长、尝试的地方足够多，或迟或早，他很有可能获得准入。既然他已经花费了时间和金钱用以获得他的专业训练，那么，他就有十分强烈的动机去继续尝试。因此，在一个人获得职业训练之后才开始起作用的那些职业许可规定，其影响进入的主要方式是提高进入该行业的成本，因为进入可能会花费更长的时间，而且一个人能否成 181
功进入，总是存在一些不确定性。但是，在限制进入方面，这种成本的提高远远不如从一开始就阻止一个人在职业道路上起步来得更有效。如果一个人在医学院入学阶段就被排除在外，他将永远不会成为待审核的候选人；他永远不会在审核阶段让人头疼。因而，要控制一个行业的人数，非常有效的方法是控制专业性学校的

入学人数。

控制医学院的招生，然后实行职业许可——这样的做法使得该行业能够通过两种方式限制进入。一种方式是显而易见的，就是将很多申请者拒之门外。另一种方式则不太明显——但是它可能要重要得多——即树立起非常高的入学和职业许可的标准，这些标准会使进入极其困难，致使年轻人失去勇气，连争取入学资格都不敢尝试。尽管大多数的州法律只要求在就读医学院之前接受过两年的学院教育，但是，几乎百分之百的入学者都接受过四年的学院教育。类似地，医学训练本身也被延长了，尤其是通过更严格的实习期安排来延长训练。

这里要顺便说一下，律师们从来没有像医生们那样成功地在专业性学校招生的时候掌握控制权，尽管他们正在朝那个方向前进。其原因是十分有趣的。美国律师协会批准的院校名单上的几乎每一所学校都是全日制白天上课的学校；几乎没有哪个夜校获得批准。然而，另一方面，很多州级立法机构成员都毕业于夜校类型的法学院。如果他们投票决定，限定只有获得批准之院校的毕业生才能进入法律行业，那么，实际上这将表明他们自己是不具备从业资格的。他们不愿意让他们自己的能力遭到责难——这是一个很重要的因素，它趋向于限制法律行业能够在多大程度上成功地模仿医药行业。我自己并没有连续多年对法律行业的进入要求进行大量的研究，不过，据我所知，这种限制正在逐步瓦解。学生
182 们更加富有，这意味着他们当中更多的人将会上全日制法律院校；而这正在逐步改变立法机构的组成情况。

让我们回到医药行业。毕业于获得批准的院校这一规定，是

医药行业能够对进入实行控制的最重要的来源。医药行业利用这种控制来限制人数。为了避免误解，请允许我强调一下：我并不是说医药行业的个别成员、医药行业的领导者或者医学教育和医院委员会的负责人特意想尽办法限制进入，以便提高他们自己的收入。实际的运作方式并不是这样的。即使在这些人直截了当地谈论限制人数以便提高收入的可取之处的时候，他们也总是用如下理由来证明此种策略的合理性：如果允许“太多”的人进入，则会降低医生的收入，以致他们被迫转而寻求不道德的业务，以便挣得“合理的”收入。他们主张说，能够使医生的行为始终合乎道德的唯一办法就是让医生的收入保持在一定的水准，这一收入水准必须足以体现行医者的贡献，同时足以满足行医者的需要。我必须承认，我一直觉得，无论是出于道德的理由还是基于事实而言，这种论点都是颇有问题的。医药行业的领导者居然公开声称，必须花钱才能买到他们和他们的同行合乎道德的行为，实在令人感到非常惊奇。果真如此的话，我怀疑其价格究竟有没有上限。贫穷和诚实之间似乎没有什么相关关系。倒是相反的情况比较符合人们的预期；不诚实未必总是有利可图，但有时候不诚实肯定能占便宜。

只有在像大萧条那样的时期，即存在大量的失业并且收入相对较低的时期，对进入的控制才以这种方式被明确地合理化。在寻常时期，试图为设置限制的合理性进行辩护的理由与此不同。在寻常时期使用的理由是，医药行业的成员想要提高他们所认定的行业“素质”标准。这种理由的缺点是一个很常见的缺点——它对于正确理解经济体系的运行有很大的危害——那就是，没有把 183

技术效率和经济效率区别开来。

有一个关于律师的故事也许能说明这一点。在一次律师们的集会上，讨论到了准入问题，我的一个同事对限制性的准入标准持反对意见，他拿汽车行业做了类比。他说，如果汽车行业主张说，“不应该有人开质量不高的车，因此，不应该准许任何汽车制造商生产汽车，除非车子达到卡迪拉克的标准”，那岂不是很荒唐？听众中有一个人站起来，对这个类比表示赞同，并且说：当然，这个国家必须只有卡迪拉克水准的律师，否则国家根本无法承担那种后果！专业人士的态度往往就是如此。医药行业的成员只考虑行医的技术标准，他们的主张实际上等于说，我们必须只拥有一流的医生，即使这意味着有些人得不到任何医疗服务——尽管他们自然从来不会明确地这么说。然而，这种人们只应该得到“最佳的”医疗服务的观点，总是导向限制性的政策——一种使医生人数保持在偏低水平的政策。当然，我不是要争辩说这是唯一在起作用的因素，我只是想说，这种考虑使得很多心怀善意的医生赞同了相关政策——如果没有这种起安慰作用的、试图证明其合理性的理由，他们原本会断然拒绝这些政策。

素质只是一个试图为设置限制的合理性进行辩护的理由，而不是设置限制的内在根本原因——这一点是很容易论证的。美国医学会之下的医学教育和医院委员会的权力被用于限制人数，而他们所使用的那些方法与素质根本不可能有丝毫关系。最简单的例子就是他们向各个州建议，公民身份应该成为行医的一个必要
184 条件。我觉得完全无法看出这个条件和行医到底有什么关系。在必要的时候，他们还试图强制施行一个类似的要求，即职业许可考

试所用的语言必须是英语。关于美国医学会的权力和影响力，以及其要求与素质的无关性，有一个引人注目的证据，它得到了下列数字的证明；我一直觉得这个数字十分不寻常。1933 年之后，当希特勒在德国上台，德国、奥地利等国出现了大量的专业人士外流，其中当然也包括医生——他们想要在美国行医。在 1933 年之后的五年当中，由外国培养的、被允许在美国行医的医生的数量，与 1933 年之前的五年当中一样。这显然不是事情自然发展的结果。这些额外增加的医生带来了威胁，导致对外国医生的要求极度收紧，这些要求给外国医生强加了极高的成本。

很明显，医药行业之所以能够限制行医的医生之人数，职业许可是关键因素。在行业的运作方式上，医药行业之所以能够限制技术上的和组织上的变革，职业许可也是关键因素。美国医学会一贯反对由若干医生联合诊治的诊疗方式，反对预付费医疗保险。这些诊疗方式可能有优点和缺点，但是，它们是技术性创新，如果人们愿意，人们应该有尝试它们的自由。不容置疑地说：组织诊疗的最优专业方法是由一名医生独立进行诊疗——这是毫无依据的。最优的方法也许是联合诊疗，也许是由法人团体进行诊疗。我们应该拥有这样一种体系，在这一体系当中，人们可以体验各种诊疗方式。

美国医学会抵制这些尝试，而且，事实上，医学会也确实阻止了这些尝试。它之所以能做到这一点，是因为职业许可间接地给了它控制权，它可以控制谁获准在医院出诊。医学教育和医院委员会对医学院进行批准，同时也对医院进行批准。一名医生要想获准在一家“经过批准”的医院出诊，通常他必须获得县医学会或 185

医院董事会的批准。为什么无法创办未经批准的医院？因为在目前的经济条件下，要想运营一家医院，必须有一批可用的实习医生。根据大多数州的职业许可法规，要想获准行医，候选人必须有一定的实习经验，而实习工作必须是在一家“经过批准”的医院完成的。通常，“经过批准”的医院名单与医学教育和医院委员会的医院名单是相同的。因此，职业许可法规给予了该行业对医学院以及对医院的控制权。美国医学院总体来说很成功地抵制了各种不同形式的联合诊疗，而上述因素就是其关键之所在。在为数不多的情形下，联合诊疗群体得以幸存。在哥伦比亚特区，联合诊疗群体成功了，因为他们根据联邦的谢尔曼反托拉斯法对美国医学会提起了诉讼，并赢得了官司。在其他的几种情形里，联合诊疗群体的成功也都有其特殊的原因。然而，毫无疑问的是，美国医学会的抵制大大阻碍了联合诊疗的发展。

有趣的是——这里可以顺便一提——医学会所反对的，只是一种类型的联合诊疗，那就是预付费的联合诊疗。其经济方面的原因似乎是，这样做排除了进行歧视性定价的可能性。⑧

很明显，职业许可是限制进入的核心之所在，而这涉及极高的社会成本，这种社会成本既与个人有关，也与公众有关：个人想从事医药行业却受到阻拦，无法从医，公众被剥夺了他们想要购买的医疗服务，无法进行购买。现在，请允许我提出如下问题：职业许可真的具有某些人所声称的那些正面效应吗？

---

⑧ 参见鲁本·凯塞尔（Reuben Kessel）的《医药行业的价格歧视》（Price Discrimination in Medicine），《法律与经济杂志》（*Journal of Law and Economics*），第1卷，1958年10月号，第20—53页。

职业许可真的提高了能力标准吗？职业许可真的在医药行业的实践中提高了能力标准这一点，绝不是非常明确的，原因有以下 186
几点。首先，每当你对任何领域的进入设置障碍时，其实你都创造了一种刺激因素，刺激人们去寻找绕过障碍的方法；对医药行业来说当然也不例外。整骨疗法和脊柱推拿疗法的兴起，与医药行业的进入限制不是没有关系的。恰恰相反，在一定程度上，它们中的每一个代表的都是一种尝试，以图找到绕过进入限制的方法。相应地，它们中的每一个都在不断地争取自行颁发职业许可的权力，并不断施加限制。其结果是创造不同层次和不同种类的诊疗，把所谓的医疗与整骨疗法、脊柱推拿疗法、信仰疗法等替代品区别开来。这些可供选择的替代品的质量比较低，比起医药行业没有进入限制的情况下医疗的质量，可能还要低得多。

更一般地说，如果医生的数量比没有进入限制的情况下要少，并且医生都是满负荷工作——医生一般都是如此——那么，这就意味着，由经过训练的医生进行的诊疗工作之总量更小，也可以说，所投入的医疗工时更少。可供选择的替代办法是由未经训练的人行医；这样的诊疗工作很可能是——在某种程度上必须是——由根本没有专业资质的人完成的。此外，现实情况其实更加极端。如果“医疗工作”被限定于获得职业许可的从业者，那么，就必须对何谓医疗工作进行定义，而“限产超雇”也并不是只有铁路行业才会有的现象。现有法规禁止人们未经授权就从事医疗工作，根据对这些法规的解读，很多事情都被限定于获得职业许可的医生，而这些事情完全可以由技工或者其他未经过卡迪拉克水准的医学训练但却拥有相关技能的人完成。我不是什么高明的技

工，无法全面地列举出所有的实例。我只知道，那些研究过这个问题的人都说，目前的趋势是，将完全可以由技工完成的、范围越来
187 越大的一系列活动包括在“医疗工作”当中。受过训练的医生将他们很大一部分的时间用于做其他人也可以完成的工作。其结果就是大幅度减少了医疗工作的总量。与此相关的医疗工作的平均质量——如果我们可以想象这样一个概念的话——不能通过简单地把所提供的医疗服务的质量平均化而获得；这样做就会像仅仅以存活者的情况来判断一种疗法是否有效一样；我们必须同时考虑到以下事实，即进入限制减少了医疗服务的总量。其结果很可能是，进入限制从实质上降低了能力的平均水平。

即使是这些论述，也远远不够全面，因为它们只考虑到某一时点的情形，并没有估计到随时间推移而发生的变化。任何科学、任何领域的进步，往往都来自某个人的工作，这个人是数量众多的异想天开者、江湖医生和在行业中没有任何地位者中的一员。在医药行业中，按照现在的情形，除非你是该行业的一员，否则，要从事相关研究或实验是十分困难的。如果你是该行业的一员，并且想要在行业中维持良好的声誉，那么，你能进行哪些种类的实验，就受到严格的限制。一位“信仰治疗师”有可能只是一个江湖郎中，专门欺骗轻信他人的患者；但是，在一千个或者上万个这样的人当中，也许会有一个人，他会为医药行业带来重大的改进。有很多不同的道路都可以通向知识和学问；限制所谓的医药行业的诊疗活动，像我们常常做的那样将医药行业限定于一个特定的群体（这个群体基本上不得不遵从普遍流行的正统观点），其效果必然是减少实际进行的实验之数量，因而降低这一领域中知识增长的速度。

这些关于医药行业实质内容方面的情况，是确实存在的，而在医药行业的组织方面，也同样存在此种情况，这一点在前面已经提到过。下面我还将对它做进一步的详细说明。

职业许可，以及与其相关的医药行业工作中存在的垄断，还常
常以另外一种方式使得诊疗的标准处于较低水平。我已经提到 188
过，职业许可通过如下方式使医疗工作的平均质量处于较低水平：减少医生的数量；减少受过训练的医生可以进行更重要的（而不是无足轻重的）工作的时间总量；减少从事科研、寻求发展的激励因素。职业许可还通过以下方式使得平均医疗质量处于较低水平：让个人因为医疗事故而从医生那里获得赔偿变得更加困难。使公民个人免受无能力之害的保护手段之一，就是使其免受欺诈，并有能力就医疗事故向法院提起诉讼。确实有人提出过一些医疗事故方面的诉讼，而医生们对他们不得不支付的高额医疗事故保险也抱怨颇多。然而，针对医疗事故提出的诉讼是很少的，也不甚成功；如果不是有医学会十分警惕地密切关注，诉讼会更多、更成功。要让一名医生做出对一位同行不利的证词，是非常不容易的，因为他将会面临如下惩罚，即被剥夺在“经过批准”的医院里行医的权利。一般来说，证词只能来自专家小组的成员，而这些专家小组是医学会自己设立的——当然，他们总是号称设立这些专家小组是为了患者的利益。

考虑到以上这些影响，我自己倾向于相信：职业许可既减少了医疗工作的数量，又降低了其质量；职业许可减少了那些想要成为医生的人们所能获得的机会，迫使他们从事在他们看来没那么吸引人的职业；职业许可迫使公众支付更多的费用，得到的却是令人

不甚满意的医疗服务，并且，职业许可既妨碍了医药行业本身的技术发展，也妨碍了医疗工作在组织方面的发展。我的结论是，职业许可应该被取消、不应该再作为从医的一个必要条件而存在。

说了这么多，我猜想，很多读者——就像曾经和我讨论过这些问题的很多人一样——会说，“虽然如此，我要想获得关于医生素质的证明，还有什么别的办法吗？就算你说的成本问题都是对的，
189 要想就起码的最低限度的质量为公众提供一些保证，职业许可难道不是唯一办法吗？”在一定程度上，答案在于目前人们选择医生，不是从一个列有获得职业许可的医生的名单里随机选取；在一定程度上，答案还在于一个人二三十年前通过一场考试的能力，很难作为其现在的素质的保证；因此，目前，对起码的最低限度的质量而言，职业许可不是最主要的——甚至不是重要的——保证来源。不过，主要的答案与此完全不同。主要的答案是：这个问题本身揭示了现有状况的蛮横专制，揭示了我们的想象力——在我们完全外行的领域，甚至是在那些我们略通一二的领域——有多么贫乏，而与此相对照，市场的想象力则是极其丰富的。请允许我用下述方法来加以说明：我将设想一下，如果医药行业没有运用垄断权力，该行业可能会发展成什么样子、可能会出现何种能够保证质量的办法。

假定任何人都可以自由地行医，除了因为欺诈和失职而给他人造成伤害的情况下必须承担法律责任和财务责任之外，不受任何限制。我猜想，医药行业的整个发展情况，都将是迥然有别的。现有的医疗服务市场——尽管它受到了很大的阻碍——给了我们一些提示，表明目前的状况和我们设想的情形之间会有何种区别。

联合诊疗群体与医院相结合的情形将会有极大的发展。医疗合伙企业或公司——医疗团队——可能会发展起来，取代医生单独出诊再加上政府或慈善机构主导的大型公共医院的形式。这些医疗团队将会提供主要的诊断和治疗设施，包括医院设施。有一些医疗团队可能会是预付费的，把目前的医院保险、医疗保险和联合诊疗组合成一套方案。其他的医疗团队将会针对不同的服务分别收费。当然，大多数的医疗团队可能都会使用这两种支付方式。

这些医疗团队——或者叫作医药百货公司也未尝不可——将
会成为患者和医生之间的中间人。医疗团队是长期经营、场所固 190
定的，因此，树立起良好的声誉，让自己以可靠、优质而闻名，是与它们的利益密切相关的。出于同样的原因，消费者也会逐渐了解它们的声誉。医疗团队会拥有判定医生素质的专业技能；实际上，在判定医生素质时，它们将成为消费者的代理人，正如现在百货公司针对很多商品所做的那样。此外，医疗团队能够有效地组织医疗工作，把具有不同技能和训练水平的医务人员组合起来，让受过有限训练的技工完成适合他们做的工作，而把只有技术高超、能力出众的专家才能完成的任务留给专家。读者可以以目前顶尖医疗诊所的发展情况为部分依据——我正是这么做的——自行添加更多细节。

当然，并不是所有的医疗工作都会由这样的医疗团队来完成。个体私人诊疗仍将继续存在，正如客户群体有限的小商店与百货公司比邻而立、个体律师与拥有众多合伙人的大型律所同时存在。人们会树立自己的个人信誉，而有些病人会更喜欢个体医生的私密性和亲切感。有些领域过于狭窄，无法由医疗团队提供服务。

凡此种种,不一而足。

我甚至不想主张说,医疗团队会支配医药领域。我的目的只是通过这个例子说明,除了现有的医疗工作组织形式之外,还存在很多其他可供选择的办法。任何个人、任何小团体都不能想象所有的可能性,更不用说评估各种可能性的价值——这种无能为力本身就是非常有力的论据,证明应该反对中央政府计划,反对类似职业垄断这样的、限制进行试验之可能性的安排。另一方面,为市场进行辩护的非常有力的论据是,市场能容忍多样性;市场能够对一系列广泛的专门知识和能力加以运用。市场使得特殊群体无法阻碍试验,并且让消费者——而不是生产者——来决定对消费者来说什么才是最好的。

第 10 章　收入的分配

在本世纪，集体主义情怀的发展过程当中最主要的因素——193
至少在西方国家是如此——是一种信念（即把收入平等看作一个社会目标）以及一种意愿（即运用国家的权力推进收入平等）。要评价这种平等主义情怀以及它所引发的平等主义举措，我们必须提出两个迥然不同的问题。第一个问题是规范性的、道德意义上的问题：有哪些理由能够证明通过国家干预推进平等是正当合理的？第二个问题是实证性的、科学意义上的问题：已经采取的那些举措的效果如何？

关于分配的伦理学

在一个自由市场社会中，能够直接证明收入分配合理性的道德原则是："按每个人的产出以及他所拥有的工具的产出进行分配。"即使是这个原则，其运作也暗含着对国家行为的依赖。产权是与法律和社会惯例密切相关的事情。正如我们已经看到的那样，对产权的定义和强制执行是国家的主要功能之一。在上述原则完全发挥作用的情况下对收入和财富进行最终分配，很有可能高度依赖所采用的财产法则。

上述原则与另一个从道德角度来看似乎十分有吸引力的原

则——也就是待遇平等的原则——之间,有什么关系?从某种程度上说,这两个原则并不是互相矛盾的。要实现真正的待遇平等,按产出付酬可能是十分必要的。给定不同的个体(我们愿意把他们看作在能力和初始资源方面都相似的人),如果有些个体更喜欢闲暇时光,另一些更喜欢可售卖的商品,那么,由于市场的作用而产生的回报方面的不平等,就是为了实现总回报的平等或者说待遇的平等而必不可少的。一个人可能更喜欢一份平常的工作,有很多的空闲时间可以去晒太阳,而不喜欢一份要求更严苛、薪水更高的工作;另一个人的喜好可能恰恰相反。如果给这两个人支付
194 一样的钱,那么,从更加根本的意义上讲,他们的收入将会是不平等的。类似地,平等对待也要求,一个人做又累又不吸引人的工作,应该支付给他更多的酬劳,比起做令人愉快又有成就感的工作给得更多。我们所观察到的不平等,大多是属于这一种的。货币收入方面的差异,抵消了职业或行当在其他特征方面的差异。用经济学家的术语来说,这些是“补偿性差异”(equalizing differences),要使得整个“净利益”——包括金钱上的利益和非金钱方面的利益——保持相等,补偿性差异是十分必要的。

为了实现待遇平等,或者换个说法,为了满足人们的喜好,还有另外一种由于市场的作用而产生的不平等,也是十分必要的——尽管是在从一定程度上来说更微妙的意义上。可以通过一个彩票的例子进行最简单的说明。假定有一群个体,在初始状态下,他们的禀赋是相同的,并且他们都自愿参加奖金差异巨大的彩票抽奖。对所涉及的个体来说,要想使他们充分利用其初始的平等状态,由抽彩而产生的收入上的不平等无疑是必要的。在抽彩

之后对收入进行再分配，则相当于拒绝给予他们参加抽奖的机会。这种情形在实践当中极为重要，比起只从字面意思理解“抽彩票”，还重要得多。在一定程度上，个人都是按照其对不确定性的喜好来选择职业、投资等。试图成为一名电影演员而不是公务员的女孩子，是经过深思熟虑而选择参加抽彩票；投资于铀业低价股票而不是政府债券的个人也是如此。保险是表达对确定性之喜好的一种方式。不过，即使是这些例子，也不能完全显示出实际的不平等在何种程度上可能是源自为满足人们喜好而构想出来的那些安排。就连那些付酬和雇用方面的安排，也受到此种偏好的影响。如果所有可能成为电影演员的女性都极其厌恶不确定性，那么，女演员的“合作社”就很容易发展起来，其成员提前达成协议，以大致平均的方式共享收入所得，从而以共担风险的方式在事实上为她 195
们自己提供保险。如果这样的偏好十分普遍，那么，把有风险和无风险的活动结合起来的、大型多样化的合作社将会成为常规做法。试图碰大运的石油勘探者、个体经营者和小型合伙企业，都会变得非常罕见。

事实上，这是解读相关政府措施——通过累进税等方法对收入进行再分配的措施——的一种方式。有的人可能争辩说，出于某种原因——也许是管理成本的原因——市场不能提供社会成员想要的各种各样的彩票或某种彩票，并且争辩说，累进税在某种程度上正是政府为了提供此种彩票而进行的活动。我毫不怀疑这种观点包含一定的真实成分。但是，另一方面，它难以证明现存税收制度的合理性，哪怕只是因为以下情况：谁在生活的彩票中抽得大奖，谁又两手空空大致上早已确定下来，而税款是在这之后征收

的，并且征税主要是由那些自认为在抽彩中一无所获的人们投票决定的。按照这样的思路，也可以证明如下做法的合理性，即由一代人投票决定适用于还未出生的下一代人的税收计划。我猜想，任何像这样的做法所产生的所得税计划，其不同等级的税率之间的差距，都会比现有税收计划下的小得多——至少在纸面上会是如此。

尽管按产出付酬所产生的不平等在很大程度上反映了“补偿性”差异或者说反映了对人们在不确定性方面之喜好的满足，但是，这种不平等的很大一部分也反映了初始禀赋的差异——包括能力方面的和财产方面的禀赋。正是这一部分引起了真正棘手的道德议题。

很多人主张说：区分个人能力的不平等和财产的不平等、区分继承来的财富带来的不平等和自己取得的财富带来的不平等，是十分必要的。由于个人能力之差异或者相关个人自己积累的财富之差异而产生的不平等，被认为是合理的，或者至少不像由于继承来的财富而产生的差异那么明显地不合理。

196 这种区分是站不住脚的。有一个人因为从父母那里继承了一副十分受欢迎的、独特的好嗓子而获得高额回报，还有一个人因继承来的财产而获得高额回报：有什么充分的道德方面的理由证明前者的回报比后者的回报更合理吗？俄国高官的儿子无疑有望比农民的儿子获得更高的收入——可能也更容易被清算。比起美国富豪的儿子有望获得的更高的收入，俄国高官之子的情形是更加合理或更加不合理的吗？同样是这个问题，我们可以从另一个角度来考察它。一个富有的家长要想把他的财富传给其子女，可以有几种不同的办法。他可以用一笔钱支付其子女的教育费用,比如使其成为一名注册会计师,或者帮助子女自己开办公司,或者设立一个能为其子女带来财产性收入的信托基金。在所有这些情况下,比起出生于一个普通家庭的情形,富人的子女都将有更高的收入。但是,在第一种情况下,人们将会认为,其收入来自能力;第二种情况下,是来自利润;第三种情况下,是来自继承来的财富。以道德方面的理由来区分这些类型的收入,有任何依据吗?最后,以下说法似乎是不符合逻辑的:一个人有资格享受他通过个人能力而创造的产出,享受他所积累的财富带来的成果,然而他却没有资格把任何财富传给其子女;一个人可以用他的收入纵情玩乐,却不能将收入给予其后代。可以肯定,把财产留给后代也是使用他所创造出来的产出的一种方式。

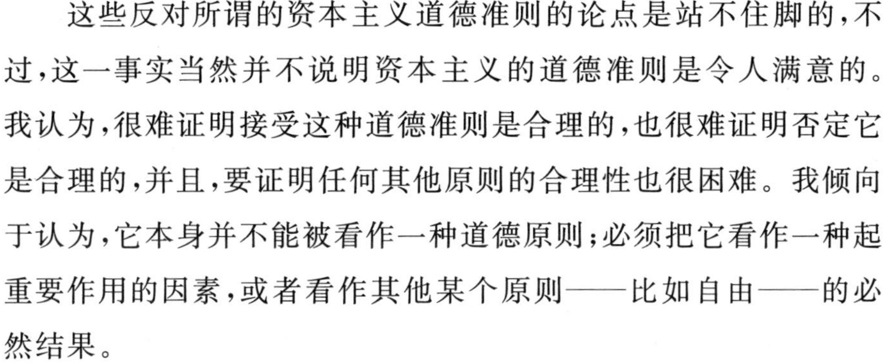

这些反对所谓的资本主义道德准则的论点是站不住脚的,不过,这一事实当然并不说明资本主义的道德准则是令人满意的。我认为,很难证明接受这种道德准则是合理的,也很难证明否定它是合理的,并且,要证明任何其他原则的合理性也很困难。我倾向于认为,它本身并不能被看作一种道德原则;必须把它看作一种起重要作用的因素,或者看作其他某个原则——比如自由——的必然结果。

举几个假想的例子,也许可以说明根本性的困难所在。假设
有四个鲁滨孙,分别被困在四个岛上,而这四个岛相距不远。其中 197
一人恰好登上一个很大的、物产丰饶的岛屿,使得他可以过轻松惬意的生活。而其他人登陆的,碰巧是很小的、非常贫瘠的岛屿,他们只能勉强维持生活。有一天,他们发现了彼此的存在。当然,如

果大岛屿上的鲁滨孙邀请其他人去他那里并且分享其财富，那么，他就是相当慷慨的。但是假定他没有这样做。如果其他三个人联合起来，强迫大岛屿上的鲁滨孙与他们分享他的财富，这样的行为合理吗？很多读者可能都想要说合理。但是，在屈从于这种诱惑之前，考虑一下以不同面貌呈现出来的一个其实完全相同的情形。假设你和三个朋友正在街上散步，你碰巧看见并捡起了人行道上的一张20美元的钞票。当然，如果你和朋友们平分了这20美元，或者至少请他们喝点酒，那么，你算得上十分慷慨的。但是假定你没有这样做。如果其他三个人联合起来，强迫你与他们平分这20美元，这样的行为合理吗？我猜，大多数的读者都想要说不合理。如果再深入思考一下，读者们甚至可能会得出结论：那种慷慨的行为本身，并不见得一定就是"正确的"。我们是否愿意竭力让我们自己或我们的同伴认同如下观点：如果任何人的财富超过了世界上所有人的平均值，他应该立即处理掉多出平均值的那一部分，将其平分给世界上的所有其他居民？当为数不多的一些人这样做时，我们可能会钦佩和赞扬这样的行为。但是一种普遍性的"散财宴"* 将会使文明世界无法维系下去。

无论如何，两件错事叠加也不会变成一件正确的事情。富有的鲁滨孙或者捡到20美元的幸运者不愿意分享其财富，并不证明其他人使用强迫手段是合理的。我们能够证明以下做法的合理性

* 散财宴，即"potlatch"，是太平洋沿岸的北美印第安人为庆祝婚礼等活动而举办的一种仪式性宴会。在宴会上，主人会依客人的等级或地位给他们分发礼物。有时候为了攀比，赠送的礼物会十分昂贵，主人甚至会自毁财物来炫富。——译者

吗——充当涉及我们自己的事件之法官，自己决定自己何时有资格运用强迫手段从他人那里夺取在我们看来我们应得的东西，或者夺取在我们看来他人不应得的东西？只要回溯得足够久远，地位、职位或财富方面的差异，大多数都可以被看作机遇的产物。人们会认为一个努力工作、非常节俭的人“应该得到其所得”；然而，198
这些品质在很大程度上应当归功于此人十分有幸（或不幸？）继承来的基因。

尽管我们所有人都在口头上赞同“良好的品质”（人们对“机遇”的态度并不全然如此），但是，比起明显可以归因于良好品质的不平等，我们一般都更愿意接受由机遇而引起的不平等。如果有一位大学教授，他的同事赢得了抽彩的大奖，这位教授会羡慕其同事，但不太可能对同事心怀怨恨或者觉得受到了不公平的对待。假设该同事的工资略有上涨，使得其工资高于这位教授的工资，则该教授更有可能觉得愤愤不平。毕竟，机遇女神和正义女神一样，是目不视物的。工资上涨则是对与他人相较而言的品质的一种审慎评判。

根据产出进行分配所起的重要作用

在一个实行市场机制的社会中，按产出付酬所起的作用主要不是分配性的（distributive），而是配置性的（allocative）。正如我们在第 1 章中指出的那样，市场经济的首要原则是通过自由交换进行合作。个体与其他人进行合作，因为通过这种方法他们能够更有效地满足他们自己的需求。但是，除非个体获得他添加到产品中去的全部东西，否则，他会以他能获得的东西而不是他能产出的东西为基础进行交换。如果各方都获得他为总产品所贡献的东西，那么，对双方都有利的交换就不会发生。因此，为了使资源能够得到最有效的利用(至少是在一个依靠自愿合作而运行的机制中)，按产出付酬是十分必要的。如果具备充分的知识，也许可以用强制替代作为激励因素的报酬，尽管我十分怀疑它是否能做到这一点。将无生命的物件来回挪动、组合是有可能的；强迫个体在
199 特定时间待在特定地点是有可能的；但是，要强迫个体付出最大的努力，几乎是不可能的。换句话说，用强制来替代合作，会改变可供使用的资源之数量。

尽管在一个实行市场机制的社会中，按产出付酬的主要作用是无须强制就可以使资源得到有效配置，但除非人们也认为按产出付酬能够带来分配正义，否则，人们是不太可能容忍它的。除非有一套被社会绝大多数成员不假思索接受的、作为基本核心内容的价值判断，否则，没有任何社会能够稳定存在。一些关键制度必须被当作“绝对原则”，而不仅仅是起重要作用的事物。我认为，按产出付酬一直以来都是——在很大程度上现在也仍然是——这些被广为接受的价值判断或制度之一种。

我们可以通过以下方法说明这一点，即考察资本主义制度的内部反对者根据什么样的理由来攻击因资本主义制度而产生的收入分配。对社会主要价值的核心内容而言，它的一个标志性特征就是它被社会成员广泛接受，无论这些成员自认为是社会组织制度的支持者还是反对者。即使是那些对资本主义进行最严厉批判的内部批评家，也都毫无保留地认为从伦理上来说按产品付酬是

公平合理的。

影响最深远的批评来自马克思主义者。马克思认为，劳动力受到了剥削。为什么呢？因为劳动力生产了全部产品，却只获得了产品的一部分；其余的是马克思所谓的“剩余价值”。即使我们接受这一论断所隐含的事实陈述，其价值判断也只有在接受资本主义伦理的条件下才能成立。只有在劳动力有权获得他所生产之产品的情况下，劳动力才被“剥削”。如果转而接受社会主义的假设前提，“各尽所能，按需分配”（无论其含义究竟是什么），那么，必须要做的，就是把劳动力所生产的产品与劳动力的“能力”（而不是与其所获得的东西）进行比较，把劳动力所获得的东西与劳动力的“需要”（而不是与其所生产的产品）进行比较。

当然，也还有其他理由证明马克思主义的论点是站不住脚的。200
首先，一方面是所有参与合作的资源产出的总产品，另一方面是被添加到产品中的数量（用经济学家的术语来说就是边际产品），二者被混淆了。更为引人注目的一点是，在从假设前提过渡到结论的过程中，“劳动力”的含义发生了变化，却没有被明确提及。马克思承认资本在产品生产中所起的作用，但是他把资本看作凝结的劳动（embodied labor）。因此，如果完整地写出来，马克思主义三段论的假设前提应该表述如下：“现在的劳动力和过去的劳动力生产全部的产品。现在的劳动力仅仅获得了部分的产品。”合乎逻辑的结论似乎应该是“过去的劳动力受到了剥削”，用于指导行动的推论则是，过去的劳动力应该获得更大份额的产品，尽管很难说清楚如何做到这一点——除非是让其拥有精致的墓碑。

能够做到无须强制就对资源做出配置——这一点是按产出分配在市场机制中所起的重要作用里面较为主要的一个。但是,对随之产生的不平等而言,这并不是其唯一的重要作用。我们在第1章中已经注意到不平等在以下方面所起的作用:提供独立的权力中心点,以便抵消政治上的中央集权;推进公民自由,方法是使"资助者"能够存在——他们为不受欢迎的观点或仅仅是新奇的观点之传播提供资金。此外,在经济领域,不平等也使"资助者"能够存在,他们为实验和新产品的开发提供资金——他们购买第一批试验性的汽车和电视机,更不用说印象派的画作了。最后,它使得分配以非个人的方式进行,而无须任何"权威"——这是市场的一般作用——无须强制就实现合作和协调——的一个特殊方面。

收入分配方面的事实

涉及按产品付酬的资本主义制度,有可能具有收入和财富极
201 为不均等的特点——在实践当中情况也确实如此。这一事实常常被错误地理解为:比起其他可供选择的制度,资本主义和自由企业会带来更大程度的不平等,并且,由此得出的必然结论是,资本主义的扩张和发展意味着更多的不平等。大多数公开发布的关于收入分配的数字,具有误导性,尤其是这些数字未能区分短期不平等与长期不平等,这也助长了错误的理解。让我们从更广阔的视角考察关于收入分配的一些事实。

有一些最引人注目的事实,与很多人预想的相反;这其中的一

个事实，与收入的来源有关。一个国家的资本主义程度越高，则因为使用一般认为是资本的东西而支付的收入比例越小，因为使用人力服务而支付的收入比例越大。在不发达国家，比如印度、埃及等，大约有一半的总收入是财产性收入。在美国，大约五分之一的总收入是财产性收入。在其他发达资本主义国家，这个比例也没有太大的不同。当然，这些国家比贫困国家拥有更多的资本，但是，在其居民的生产能力方面，它们比贫困国家还要更胜一筹；因此，从财产中得来的更多的收入，在总收入中只占更小的比例。资本主义的重大成就，不在于财产的积累，而在于它为人们提供的扩大、发展和提高自身能力的机会。然而，资本主义的敌人非常喜欢指责说它是物质主义的，而资本主义的朋友经常为其物质主义感到抱歉，并解释说这是进步的必要代价。

另外一个引人注目的、与流行的看法相反的事实是：与其他可供选择的组织制度相比，资本主义带来的不平等更少，而且，资本主义的发展极大地降低了不平等的程度。无论是跨空间的还是跨时间的比较，都证实了这一观点。毫无疑问，与像印度那样的等级
社会和像埃及那样的落后国家相比，在像北欧国家、法国、英国和 202
美国这样的西方资本主义社会，不平等程度要低得多。与像俄国那样的国家进行比较要更困难一些，因为数据不足且不甚可靠。但是，如果以特权阶层和其他阶层的生活水平之间的差异来衡量不平等，那么，很有可能的是，比起非资本主义国家，在资本主义国家中此种不平等之程度会明显更低。即使单就西方国家而言，似乎也是越发达的资本主义国家中不平等的程度越低（在任何重要的意义上都更低）：英国比法国低，美国比英国

低——尽管对人口的内在异质性的考量这一问题，使这些比较变得很困难；例如，为了进行公平的比较，也许应该把美国与英国加上西印度群岛再加上其在非洲的领地——而不是单单与英国本身——进行比较。

从长时期内发生的变化来看，资本主义社会所取得的经济进步一直伴随着不平等程度的大幅度削减。直到 1848 年，约翰·斯图亚特·穆勒(John Stuart Mill)还写道："到目前为止[1848 年]，现有的全部机械发明是否减轻了任何人的日常劳作之苦，这一点是有疑问的。这些发明使得更多的人过着相同的做苦工、好似身陷囹圄般的生活，使得更多的生产商和其他人发了大财。这些发明让中产阶级生活得更加舒适。但是，它们还没有开始引发那些关乎人类命运的伟大变革；从这些发明的本质来及其未来使命来看，它们必须实现那些变革。"[①]即使在穆勒的时代，这一陈述可能也是不准确的，但毫无疑问，如今没有人会写下这样一番话来评价发达资本主义国家。对于世界上的其余地方，这番话仍然是适用的。

过去一个世纪之进步与发展的主要特征是，大众被解放出来，
203 不再从事异常辛苦的劳作，并且大众可以获得很多产品和服务——在以前，这些产品和服务是被上层社会所垄断的；与此同时，富裕阶层可以获得的产品和服务并没有相应地扩大。除了药品以外，科技的进步在大部分情况下还使广大民众获得了奢侈的享受——一直以来，真正富裕的阶层都能够以这样或那样的形式

① 《政治经济学原理》(*Principles of Political Economy*)，艾希利(Ashley)编，伦敦：朗文-格林出版社 1909 年版，第 751 页。

获得这些奢侈享受。这里只举几个例子，比如现代自来水管道、集中供暖、汽车、电视、广播，它们为大众提供了诸多便利，几乎等同于富裕阶层一直以来通过雇用仆人、表演者等所得到的便利。

要得到关于这些现象的详细统计数据，并且以有意义的、可供比较的收入分配之形式将其呈现出来，是很困难的；不过，已有的此类研究都证实了前述主要结论。但是，这样的数据极易引起误解。有些收入差异是促进均等化的，有些则不是：这些数据不能将这两类收入差异区分开来。例如，一名棒球运动员的职业生涯很短，这意味着在他十分活跃的那些年份里，他获得的收入必须比他能够选择的其他职业更高，以便使棒球职业——从金钱回报方面来看——与其他职业具有同样的吸引力。但是，这样一种差异对数据产生影响的方式，却与任何其他收入差异对数据产生影响的方式，是完全相同的。用以呈现这些数据的收入单位也是十分关键的。一方面是针对取得收入者个人的分配，另一方面是以家庭为单位的分配，从表面上看，前者总是会显示出比后者更大程度的不平等：很多个人都是兼职工作或者取得小额财产性收入的家庭主妇，或者处于类似地位的其他家庭成员。在与家庭有关的分配中，是如何对家庭进行分类的？是按照家庭总收入、按人均收入还是按每个等量单位(equivalent unit)的收入进行分类？这并不是毫无意义的细枝末节。我认为，家庭中子女数量的分布发生了变
化，这是过去五十年中降低了我国生活水平之不平等的最重要的 204
一个因素。它比分级征收的遗产税和所得税都重要得多。非常低的生活水平是相对较低的家庭收入和相对较多的子女数量之联合产物。平均子女数量减少了；更重要的是，这种数量上的减少伴随

着超级大家庭的消失——在很大程度上，这种数量减少是超级大家庭的消失所引起的。因此，如今的家庭在子女数量方面的区别往往非常小。然而，这种变化并不会在家庭总收入额的分布中反映出来。

在解读关于收入分配的数据时，一个主要的问题是需要区分从本质上来说十分不同的两种不平等，即暂时的、短期的收入差异，以及长期收入状况方面的差异。我们来研究一下年收入分配情况相同的两个社会。在其中一个社会，流动性和变化都非常大，因此，个别家庭在收入等级体系中的位置每年都有很大变动。另一个社会则十分僵化，因而每个家庭年复一年地处于相同的位置。显然，在任何重要的意义上，后者都是更不平等的社会。一种不平等是动态变化、社会流动性和机会平等的标志；另一种不平等则是等级社会的标志。正是因为竞争性的、企业自由经营的资本主义往往用一种不平等代替另一种不平等，所以把这两种不平等混为一谈的影响尤其巨大。即使以年收入来衡量，非资本主义社会也往往比资本主义社会更不平等；此外，其不平等往往是持久不变的，而资本主义则逐渐削弱等级，引入社会流动性。

用以改变收入分配的政府措施

为了改变收入分配，各国政府最广泛采用的方法就是分级征
205 收的所得税和遗产税。在研究这些税收方法是否可取之前，有个问题值得一问，即它们是否成功实现了其目标。

依我们现在所掌握的情况，还无法就这个问题给出确凿的答案。以下看法是我个人的观点——我希望这些观点并非全然无凭无据；为了简便起见，表述上可能会比较武断，其实相关数据的性质原本不足以支持这么武断的表述。我的印象是，对按照某些收入统计标准而划分的家庭组来说，这些税收措施在缩减此种家庭组平均而言所处地位的差距方面所产生的影响，尽管还没到可以忽略不计的地步，但确实相对较小。然而，这些税收措施也在此种收入组内的个人之间引入了一些程度相当的、从本质上说比较武断的不平等。因此，很难说清楚，从待遇平等或者结果平等这样的基本目标的角度来看，净效果是增加了还是减少了不平等。

从纸面上看，税率是很高的，并且不同等级的税率之间差距非常大。但是，它们的作用以两种不同的方式被抵消了。首先，在某种程度上，它们的作用仅仅是使税前的分配变得更加不公平。这正是常见的税收归宿效果(incidence effect)。税收阻碍人们从事那些被征收高额税款的活动(此处指的是风险很大并且还有非金钱方面之劣势的活动)，因而提高了那些活动的回报。其次，这样的税率刺激了立法方面以及其他方面的避税条款——所谓的法律“漏洞”，比如百分比折耗、对各州以及地方债券免收利息、资本收益的特别优惠待遇、公务费用报销账户、其他间接支付方法、将普通收入转化为资本收益等，数量和种类之多令人眼花缭乱。其结果就是，使得所征收的实际税率远远低于名义税率，并且——这一点可能更为重要——使得税收归宿变幻莫测，十分不公平。根据人们的收入来源是哪里和所拥有的避税机会如何这样的偶然性，
处于同一经济水平的人会缴纳完全不同的税款。如果现有的税率 206
得到完全执行，则其对激励因素等的影响很可能十分严重，以致带

来社会生产率方面的巨大损失。因此，避税对于经济的健康运行来说可能是十分必要的。如果确实如此，那么，我们为所获得的东西付出的代价就是极度浪费资源及引入广泛的不公正。假设采用一组更低的名义利率，再加上更宽泛的税基(这一税基是通过针对所有收入来源的、更平等的税收而实现的)——这样的办法可能会使平均而言的税收归宿更加具有渐进性，在细节上可能更加公平合理，并且对资源造成的浪费可能更少。

个人所得税的影响具有随机性，并且它在减少不平等方面只起到了有限的作用——这一论断得到该学科学者的广泛认同，包括很多强烈支持运用分级课税减少不平等的学者。他们也强烈主张大幅度削减顶层收入者的税率并扩大税基。

还有一个因素也削减了分级课税结构对收入不平等和财富不平等的影响力，那就是，与其说分级课税是对富有状态征税，不如说它们是对发财致富的过程征税。虽然分级课税限制了从已有财富得来的收入之使用，但是，这些税(在它们起作用的限度以内)更加显著地阻碍了财富的积累。对从财富得来的收入进行征税，并不会减少财富本身，而仅仅会降低消费水平、减少财富的添加——这些都是财富所有者可以承担的。这样的税收措施鼓励人们躲避风险，并以相对稳定的形式持有现有财富，因为这样会减少现有财富累积被打散的可能性。另一方面，通向新的积累之主要途径是大量的当前收入，即把当前收入的一大部分节省下来投资到风险活动中去，而这些风险活动中有一部分会带来高额回报。如果所得税是有效的，那么，它会把这一途径堵死。因此，其影响就是保
207 护现有的财富持有者，使其不必与新来者竞争。在实践中，这样的

影响在很大程度上被上文提及的避税方法抵消了。非常值得注意的是，在新的财富积累中，有多么大的一部分来自石油行业，因为在石油行业中，百分比折耗的免税收入额为获得免税收入提供了一条尤为方便的途径。

在我看来，在评判分级征收的所得税是否可取的时候，非常重要的是区别两个问题（尽管在应用中无法做出精确的区分）：第一种是筹集资金，以便为政府决定开展的那些活动（也许包括第12章中讨论的消除贫困的措施）提供费用；第二种是仅仅为再分配的目的而征收税款。前者很可能要求必须有某种分级措施，理由是需要根据收益估算成本，以及需要考虑关于公平的社会标准。但是，以这样的理由来证明针对收入和遗产顶层部分的非常高的现行名义税率之合理性，却是很困难的——哪怕只是因为它们的税收所得太少了。

作为一个自由主义者，我觉得很难找到任何理由来证明仅仅为了收入再分配而进行分级课税之合理性。看起来，这明显是一种运用强制力挹彼注兹的情形，因此与个人自由恰恰是互相冲突的。

把所有情况都考虑在内，我认为最好的个人所得税结构，是对免税额以外的收入采用比例税率，其中对收入的定义应该十分宽泛，并且，只有针对严格定义的因赚取收入而发生的费用才允许进行扣除。正如在第5章中已经提出的那样，我会把这个方案与以下内容结合起来：废除企业所得税，要求公司必须将其收入计入股东名下，并要求股东必须将这些款项列在他们的纳税申报表上。还有其他一些比较可取的变革，最重要的有：取消针对石油和其他

原料的百分比折耗，取消针对各州以及地方债券之利息的税收豁免，取消对资本收益的特别待遇，对所得税、遗产税和赠与税进行
208 统一协调，并取消目前所允许的多种名目的扣除。

在我看来，税收豁免是某种程度上的分级，其合理性可以得到证明(更进一步的讨论请参见第 12 章)。一方面是 90%的人口投票对他们自己征税，并对 10%的人实行税收豁免，另一方面是 90%的人口投票对另外 10%的人征收惩罚性税款，这二者是迥然有别的——实际上美国就是按后一种办法做的。如果按比例税率征税，必然出现以下情况，即收入更高的人将为政府所提供的服务支付更高的绝对额——从其所得利益来看，这样做并无明显的不恰当之处。不过，这样征税会避免发生下述情形——任何为数众多的人群，都能投票把不会影响其自身纳税负担的税收强加在其他人身上。

很多读者会认为，用按比例税率征收所得税代替现行的分级税率结构这一建议十分激进。从概念上看，该建议确实很激进。正是出于这个原因，以下这一点无论怎样强调都不过分：从税收收益、对收入的再分配或者任何其他相关标准来看，该建议都并不激进。我们现有的所得税税率从 20%到 91%不等，其中，对应税收入超过 18 000 美元的单身纳税人，以及对应税收入超过 36 000 美元的共同进行纳税申报的已婚纳税人，针对超出部分征收的税率都达到 50%。然而，与目前不同等级的税率之间差别巨大的税收方式相比，如果对应税收入(按照目前的方式申报以及定义的应税收入，也就是说，对目前规定的免税额以外的部分收税，并抵扣目前规定可免税的所有项目)征收 23.5%的比例税率，将会带来同

样多的税收收益。[2] 事实上，即使在法律法规的其他方面不做任 209
何修改，这样一种比例税率也将会带来更高的税收收益，因为出于以下三个理由，人们申报的应税收入数额会更大：与现在相比，人们不会有那么强烈的动机去采用合法但是很昂贵的方案以削减所申报的应税收入之数额（即所谓的避税）；人们没有那么强烈的动机不申报按法律规定应该申报的收入（逃税）；去除目前的税率结构所起的遏制作用，将会使对现有资源的利用更有效，并带来更高的收入。

如果目前不同等级的税率之间差别巨大的税收方式带来的税收收益如此之低，那么，其再分配的效果必然也很差。这并不意味着它们没有任何害处。恰恰相反。税收收益如此之低，部分的原因是这个国家最有才干者当中有些人把他们的精力用于想尽办法使税收收益处于极低的水平；也是因为很多其他人在拟定他们的活动时，都是瞄着税收后果的。所有这些都是纯粹的浪费。我们又从中得到了什么呢？至多是有些人得到了满足感，觉得国家是在对收入进行再分配。就连这种感觉也是基于一种对分级课税结

② 这一点极其重要，因此，在这里给出数字和计算过程可能是非常有意义的。在本书写作过程中，可得数据的最近年份是 1959 年这一纳税年度，依据的是美国国家税务局的《1959 年收入统计数据》（*Statistics of Income for 1959*）。该年情况如下：

个人所申报的应税收入总额…………………………… 1 665.40 亿美元

进行税收减免之前的所得税…………………………… 390.92 亿美元

进行税收减免之后的所得税…………………………… 386.45 亿美元

对应税收入总额征收 23.5％的比例税率将会带来的税收为 0.235×1 665.40 亿美元＝391.37 亿美元。

如果我们假定税收减免是相同的，则比例税率方案下最终的税收收益应该与实际获得的税收额大致相同。

构的实际效果的无知；如果事实被人们所知，那么这种感觉必定会消失无踪。

让我们回到收入分配的话题上来。还存在一种与税收迥然不同的社会行动，可以用于影响收入分配——有十分清楚的理由证
210 明这种社会行动的合理性。很多实际上的不平等源自市场的不完善。这些不完善之处中，有很多本身就是由政府行为引发的，也有很多可以通过政府行为来消除。我们有非常充分的理由调整游戏规则，以便消灭这些不平等的来源。例如，专门的垄断特权（它们是由政府、关税以及其他使特定群体获益的法律规定所给予的）就是不平等的一个来源。把这些事物消除，自由主义者会十分欢迎。教育机会的延展和扩大，一直以来都是一个十分主要的因素，它往往会减少不平等。类似这样的措施在实际运作中具有如下优点：它们痛击不平等的根源，而不是仅仅减缓其表面症状。

在有些领域里，政府实施一套措施所造成的危害，比政府通过其他措施能够消除的危害还要多——收入分配也是这样的一个领域。收入分配也是以所谓的私有企业制度的缺陷为理由证明政府干预之合理性的另一个例子：尽管大政府的捍卫者所抱怨的很多现象本身，其实正是政府——不论是大政府还是小政府——引起的。

第 11 章　社会福利措施

人道主义和平等主义情怀对不同等级之间税率差别巨大的阶 213
梯式个人所得税的产生起到了助推作用；同时，这种情怀也引发了一系列旨在促进特定群体“福利”的其他措施。最重要的一套措施是被贴上“社会保障”这一误导性标签的那组措施。其他的措施还有公共住房、最低工资法规、农产品价格扶持、特定群体的医疗保障、特别资助计划等。

我将首先简要地讨论后一组当中的几个措施，主要是为了阐明它们的实际效果与原本意欲达到的效果有多么的不同。然后我将更为详细地论述社会保障计划当中最大的一个组成部分，即老年保险和遗属保险。

各种福利措施

1. 公共住房。有一个常常被用来为公共住房辩护的理由，是基于所谓的邻里效应：据说贫民区和其他低质量住房会以火灾防护和治安维护的形式给社会强加更高的成本——贫民区尤甚，其他低质量住房亦然，但程度略轻。这种字面意义上的邻里效应可能确实存在。但是，在其确实存在的情况下，这种邻里效应本身论证的也不是公共住房的合理性，而是如下做法的合理性，即对增加社会成本的那种住房征收更高的税款,因为这往往会使私人成本和社会成本均等化。

人们会立刻回答说,额外的税款将会影响低收入者,而这是不可取的。这样的回答意味着,公共住房并不是因为邻里效应而被提出的,它是作为帮助低收入者的一种手段被提出的。如果情况真是这样,那么,为什么要特意对住房进行补贴呢?如果要运用资金帮助穷人,把资金以现金而不是实物的形式发放,资金的使用不是会更加有效吗?毫无疑问,受帮助的家庭宁愿以现金的形式——而不是住房的形式——得到一笔特定数额的钱。如果他们
214 愿意,他们会自行把这笔钱花在住房上。因此,如果给他们现金,他们的境况绝不会更差;如果他们认为其他需求更加重要,则他们的境况会变得更好。现金补贴将会像实物补贴一样很好地解决邻里效应问题,因为,如果现金补贴没有被用于支付住房费用,那么,在支付以邻里效应为理由而征收的额外税款时,可以用到它。

因此,无论是邻里效应,还是对贫困家庭的帮助,都不能作为证明公共住房之合理性的理由。如果公共住房的合理性真的可以被证明的话,也只能以家长主义为理由来证明;也就是说,受帮助的家庭"需要"住房,比他们对其他事物的"需要"更为迫切,但是,他们自己要么不认同这一点,要么会很不明智地花费掉这笔钱。自由主义者会倾向于认为这一理由并不适用于可以自负责任的成年人。针对其以更加间接的形式对孩童所产生的影响而言,自由主义者无法完全否定这一理由,即父母可能会忽视孩子的福利,孩子"需要"更好的住房。但是,毫无疑问,自由主义者会要求比通常给出的证据更有说服力、更具体的证据,然后他才有可能接受这一

最终理由作为证明用于公共住房的大笔开支之合理性的充分理由。

在考虑关于公共住房的实际经验之前，从抽象的角度可以说的东西就是这些。既然我们拥有相关经验，我们就能够做更深入的讨论。在实践中，公共住房所产生的效果与意图达到的效果其实大不相同。

公共住房远远没有像其支持者所预期的那样改善穷人的住房条件；它所做的恰恰相反。在兴建公共住房项目过程中被拆毁的居住单元数量，远远大于新建造的居住单元数量。但是，在减少需要得到住房者的人数方面，公共住房本身并无任何作为。因此，公共住房的结果就是它使每个居住单元需要容纳的人数增加了。也许有一些家庭（那些足够幸运、得以居住于公共建造的单元里的家庭）的住房条件改善了，比不存在公共住房的情形下他们原本可能 215
获得的住房条件更好。但是，这只不过让所有其他人的问题变得更加严重，因为所有人的平均居住密度增加了。

当然，私人企业抵消了公共住房计划的一部分有害结果，方法就是对现有居住区进行改造，并兴建新居住区，以服务于直接受到影响而流离失所的人，或者更一般地服务于那些在公共住房项目所引发的“听音乐抢椅子”游戏中受到波及而流离失所的人。不过，即使不存在公共住房计划，人们仍将获得并使用这些私人资源。

为什么公共住房计划会有这样的结果呢？正是因为我们已经反复强调过的那个一般原因。一种一般性的关切促使许多人赞成这一计划的实行，但是，这种关切是分散的、暂时的。一旦计划被采纳，它必然被它能为之服务的特殊利益群体所左右。就我们所讨论的这个问题来说，特殊利益群体是地方团体——他们心心念念想要清理和整顿条件恶劣的荒废区，要么是因为他们在那里拥有不动产，要么是因为此种荒废正在威胁着地方商业区或中央商业区。他们的目标所要求的建设少而拆毁多，公共住房正可以作为达成其目标的方便办法。

即使这样，"市区荒废"仍然势头不减地伴随着我们——从敦促联邦拨款解决该问题的呼声日益高涨就可以看出这一点。

公共住房的支持者期望从中获得的另一益处，在于通过改善住房条件来减少青少年犯罪。在这一点上，情形也是类似的：撇开它未能提高平均住房条件不说，在很多情况下公共住房计划产生了完全相反的影响。针对以获得补贴之后的租金水平居住在公共住房里的人，设置有收入限制，这种做法也是十分合理的，但收入限制导致了"残缺"家庭——尤其是离婚或者丧夫的、带着孩子的母亲——的大量集中。残缺家庭的孩子尤其容易成为"问题"儿
216 童，这样的孩子大量集中，容易增加青少年的犯罪。这个问题的一个表现，就是公共住房一向对附近的学校有着负面影响。尽管一所学校有能力消化少数的一些"问题"儿童，但是，要让它吸收大量的"问题"儿童，则是非常吃力的。在某些地方，残缺家庭占公共住房所安置的家庭总数的三分之一或者更多，而在附近学校就读的孩子可能多半都是住在这样的公共住房。如果这些家庭获得援助的形式是现金补贴，那么，他们将会分散于各个地方。

2. 最低工资法规。如果想要找到一个例子，证明政府措施的实际效果往往和那些支持政府政策的人所预期的恰恰相反，那么，

最低工资法规大概就是人们所能找到的最明显的例子。那些支持最低工资法规的人理所当然地认为，工资率太低这一事实非常可悲；他们把较低的工资率看作贫穷的一个标志，因而希望彻底取缔低于某一下限的工资率，从而减少贫困。然而，事实上，一旦关于最低工资的法规真的生效，其效果只能是增加贫困。尽管国家可以通过立法规定某一最低工资率，但是，国家没有办法要求雇主们按照这样的最低工资率继续雇用此前他们按照低于最低工资率的标准所雇用的人。继续雇用那些人显然并不符合雇主们的利益。因此，最低工资法规的实际效果是使失业人数远高于没有设定最低工资时的失业人数。从最低工资实际上仍然是贫穷的一个标志这个角度来说，那些因为最低工资法规而失业的人，恰恰是那些最不能放弃他们此前得到的那种收入的人，尽管在那些赞成最低工资法规的人看来，那种收入实在是太低了。

最低工资法规的这种情况与公共住宅颇为类似。在这两种情形中，受到帮助的人都是可以看得到的人，即工资得到提高的人和居住在政府盖的房子里的人。而受到伤害的人，则是那些无名的人们，而一般人并没有把他们困窘的真正起因与他们的困窘状况联想到一块：最终失业的人，或者那些因为最低工资法规而未能实
现就业的人，会被迫从事一些收入更低的工作，或者走投无路不得 217
不接受社会救济；以及那些拥挤地住在贫民窟里的人们——这些四处蔓延的贫民窟似乎不是先行公共住房政策的一个后果，而是要依靠扩大公共住房项目才能解决的问题。

在那些支持最低工资法规的人当中，很大一部分并不是毫无利害关系的普通的善良之人。比方说，北方有的工会和企业遭遇

到来自南方的竞争，因此，为了减少这样的竞争，他们才支持最低工资法规。

3. 农产品价格扶持。农产品价格扶持是另外一个事例。农业地区在总统选举人团和国会中的代表的比重偏高，这是一个政治现实；除此之外，农产品价格扶持存在的理由，无非是人们一般认为农民的平均收入是比较低的。即使农民的平均收入确实较低，但是，各种农产品价格扶持计划也无法实现它们原本想要实现的目的——帮助那些真正需要帮助的农民。其原因在于，第一，即使农产品扶持计划真的给农民提供了一些好处，与农民所需要的帮助相比，这些好处也并不是恰如其分的，因为价格扶持的方式是根据市场上卖出的农产品数量来决定获得多少好处的。与富有的农民相比，比较贫困的农民在市场上卖出的农产品数量要更少，并且他把自己产出的农产品中相当大的一部分留作自用，这部分农产品无法得到价格扶持计划的资助。第二个原因是，就算此种价格扶持计划真的给农民带来了一些好处，这些好处也远低于扶持计划所花费的成本。一个显而易见的例子是储存农产品的成本花销及类似的花销，它们根本不会到达农民手里；实际上，那些存储设备及其他设施的提供者可能才是此种花费的真正受益者。至于政府花费于购买农产品方面的钱，它们同样也不会真正达到农民手里，因为，有了农产品价格扶持计划，农民会不由自主购买更多的化肥、种子和农业机械。只有两相抵消后最终剩下的部分，才会提高农民的收入。第三个原因在于，就连这两相抵消后剩下的部分，也并不代表农民最终得到的好处。农产品价格扶持的目的是让更多的人从事农业，使其多于没有此种扶持计划时的人数。只

有当农民借助价格扶持计划留在土地上所得能赚得的收入高于其从事其他行业所获得的收入时——如果有这种可能的话——二者相较之下超出的部分才是农民最后获得的净利益。由此可见，提 218
高农产品价格的政府扶持计划的主要效果并不是提高了农民的平均收入，而是在实际上扩大了农业的总产出。

在这里似乎不必赘述农产品价格扶持计划所付出的代价，因为这些都是广为人知的。消费者受到了双重盘剥；一是人们所缴纳的税款被用于向农民提供扶持，二是人们为购买食物支付了更高的价格。农民的耕作、生产经营受到来自中央管控的各种限制。国家则是背负了一个不断扩张的官僚组织机构。但是，除此之外，价格扶持计划还有一些鲜为人知的害处。在外交方面，农产品价格扶持计划向来是我们国家推行外交政策的一个阻碍。为了维持高于世界平均价格的国内农产品价格，我们必须对很多进口农产品实行进口配额制度。但是，我们在这方面的政策又时常改变并且毫无规律可言，这就给其他国家带来了极大的负面影响。例如，棉花在我国的高价格鼓励了其他国家大量种植棉花。然而，高价格导致我们国内的棉花产量也非常高，于是，我们以低价在世界范围内抛售棉花，那些因为我们先前之行为的鼓励而增加产出的生产者，则蒙受了不小的损失。类似的例子可以列出一个长长的名单。

老年与遗属保险

维持现状的极大影响力对许多事物都有着魔法一般的作用，“社会保障”计划即是其中之一。在该计划最初推行的时候，曾产生过极大的争议，但是，现如今人们十分理所当然地接受了它，几乎没有人对其提出异议。然而，该计划终究是侵害了很多人的私人生活，并且无论是出于自由主义的还是其他的观点，都找不到任何理由为其辩护。这里会详细讨论社会保障计划中最大的一个组成部分，它涉及向老年人支付的款项。

219 从实际操作来看，老年与遗属保险（OASI）包括针对很多人的工资所征收的一种特别税款，还包括每年支付给那些达到特定年龄的人的款项。其大小取决于开始支付的年龄、家庭情况，以及开始支付款项之前的工资收入情况。

从分析的角度来说，OASI 包括以下三个相对独立的因素：

1. 要求相当大的一部分民众必须购买特别指定的年金，也就是强制性的养老年金。

2. 要求必须从政府那里购买这种年金，也就是采用国有化的方式提供这种年金服务。

3. 对收入的一种重新再分配计划，即加入 OASI 的人可以获得的年金，其实可能并不等于它们将要缴纳的 OASI 税款。

显然，将这些因素强行组合在一起，是毫无必要的。比如说，可以要求一个人完全支付他自己的养老年金，或者可以让个人自由选择从私人提供者购买养老年金，还可以要求个人购买指定的养老年金。可以由政府来提供养老年金，没有必要强迫人们必须购买指定的年金，同时规定政府的年金计划必须在财务方面收支平衡。至于政府的收入再分配工作，则是无须养老年金这种方式也可以进行的，实际上政府也做到了这一点。

因此，下面我们将按照顺序逐一讨论这三个因素，以便考察它们是否有其存在的正当理由，可以找到何种理由为其进行辩护。我认为，按照与上面相反的顺序讨论它们最为合适。

1. 收入再分配。现行的 OASI 计划所涉及的收入再分配可以大致分为两类，一是从某些 OASI 计划的受益人调配分给其他的 OASI 计划受益人，二是从一般纳税人调配分给 OASI 计划的受益人。

第一类再分配，是把比较年轻时就加入 OASI 计划的人的收入，分配给那些加入 OASI 计划时年龄较大的人。对于年纪较大 220
的人来说，其现在和将来一段时间内所获得的 OASI 年金支付款项，与他们缴纳的 OASI 税款在竞争性的市场上所能买到的年金支付款项相比，要大得多。另一方面，根据现行的税款和收益表格，较年轻的人所获得的年金支付款项，则显然小于他们在竞争性的市场上所能买到的年金支付款项。

很难找到任何理由——无论是自由主义的理由还是其他理由——来证明这种收入再分配的合理性。那些得到再分配之利益的人，其所得到的利益有多少，和其贫富状况完全无关，富人和穷人得到的利益可能是一样的。用来支付此种款项的税收，是通过对某一额度以下的工资所得按照一个固定的税率征收而来的。实际上这项税收在低收入者中征得的数额，比在高收入者中征得的还要多。有什么理由可以证明对年轻人征税以补贴老年人，而不考虑接受补贴的老年人的收入情况这一做法的正当性？有什么理由可以证明对低收入者实行较高税率而对高收入者实行较低税率的正当性？更进一步地，有什么理由可以证明为了支付此种款项而对劳动者的工资征收税款的正当性？

前述第二类收入再分配的产生，则是由于现行的 OASI 体系无法在财务上实现自给自足。在很多人加入 OASI 计划的体系并且正在缴纳税款，而有资格领取年金的人并不是很多的时候，该体系看起来似乎是可以自给自足的，甚至还有些许的剩余。但是，之所以会呈现出这样的表面状况，完全是由于人们忽略了这个体系亏欠那些正在缴纳税款者的、不断累积着的债务。这些人所缴纳的税款是否足以支付不断累积的债务，是相当成问题的。很多专家认为，即使以收付实现制为基础来运行，外来的补贴也是必不可少的。在其他国家实施的类似体系，也都是需要类似补贴的。这是一个专门性的技术问题，在这里没有办法也无须进行深入的探讨，专家们对此问题的意见也不尽一致。

就我们当前的讨论目的而言，只需提出一个假设性的问题即可，那就是：如果真的需要外来补贴，有什么理由可以证明让一般
221 纳税人来提供补贴的合理性？我个人找不出任何这样的理由。也许我们会想要帮助穷人，但是，有什么理由可以证明这样一种行为的正当性，即要求我们帮助其他人，但是并不考虑他们的经济情况，而只是因为这些人能够活到比较大的年岁？难道这不是一种十分武断、十分随意的再分配吗？

我所知道的唯一一个为 OASI 体系的收入再分配进行辩护的理由，是十分不道德的，尽管它是一个经常被提到的理由。根据这一理由的说法，尽管存在一定的随意性，但平均而言，该体系提供给低收入者的补贴，多于其提供给高收入者的补贴。如果这种收入再分配能够更加有效率，那显然是很不错的；但是，社会显然不会直接表决同意这样一种收入再分配，不过，如果作为一套社会保障方案的一个组成部分，社会倒是有可能表决同意它。从本质上来说，这种辩护理由相当于说，可以给社会原本表示反对的某一措施披上虚假的外衣，以蒙蔽社会，令其表决通过该措施。不消说，用此种方式为 OASI 辩护的人，正是在谴责“误导性”商业广告的时候嗓门最高的那些人！[①]

2. 提供指定年金之服务的国有化。假定为了避免收入再分配，要求每个人自己支付他得到的年金，即在考虑到死亡率和利息的情况下，每个人所缴纳的保险费足够支付他将得到的年金数额。如果情况果真如此，那么，还有什么理由要求个人必须从某个国有机构购买年金呢？若希望实现收入再分配，势必运用政府所拥有的征税权力。如果收入再分配不是该计划的一个组成部分——如 222
前所述，其实没有什么理由可以证明将收入再分配作为该计划之组成部分的正当性——那么，还有什么理由不允许那些希望从私人企业购买年金的人按照其意愿行动呢？一个具有可比性的例子是有些州实行的要求强制购买汽车责任保险的规定。据我所知，这些州当中，没有任何一个开办了州政府经营的保险公司，更不用说会强迫车主必须从政府那里购买其汽车责任保险了。

① 在当前这个时候，还有另外一个使用这种辩护方法的例子，它与要求政府对学校进行补贴的建议有关（它也被贴上了具有误导性的标签——“教育补助”）。在收入最低的若干州由联邦政府对教育支出给予补助，是有一定理由的，因为在这些州上学的孩子有可能移居到其他收入相对较高的州。但是，由联邦政府对所有州征收税款，然后再对所有州进行教育补助，则是毫无理由的。然而，每一项提交国会的相关法案都提出后一种而不是前一种建议。有一些支持这些法案的人承认，只补助个别州是有道理的；尽管如此，他们还是争辩说，如果规定只对某些州进行补助，则法案绝无可能在国会通过审议，因此，让那些相对贫穷的州获得补助的唯一办法，就是把对其进行补助的提议纳入某一个要求对所有州进行补助的法案之中。

潜在的规模经济之可能性，并不能成为把年金服务国有化的理由。若规模经济果真存在的话，那么，由政府成立的销售年金的机构，则能够凭借其规模经济方面的优势，以低于其他竞争者的价格销售年金。在此种情况之下，根本不需要政府的强制，人们就会自行从这一机构购买年金。如果说此种机构无法以较低的价格出售年金，其原因可能是根本不存在任何规模经济，或者即使存在规模经济，它也不足以抵消这样的政府机构在其他方面存在的不经济的情形。

把提供年金的服务国有化可能带来的一个好处，就是它能够推进强制购买年金的方案。然而，这种好处可以说是微不足道的。要想实现这一点，只需设计出其他某种替代方案即可，比如要求人们在报税的时候必须同时提交一份缴纳养老年金的收据的复印件，或者要求其雇主证明他们已经达到相关规定的要求。总之，这些做法带来的行政问题，都会比目前的年金服务国有化的问题要少。

应该说，国有化带来的成本显然大于上述微不足道的好处。这种情形和其他很多情形一样，个体的自由选择，以及私人企业为了吸引消费者而进行的竞争，将促进市场不断完善，为消费者提供各种各样的年金契约，并且增加契约的多样性和差异性，以满足个体的特殊需求。从政治方面来看，去国有化的一个明显的好处是可以避免政府的进一步扩张，以及由此而间接带来的对自由的威胁。

223 还存在一些不太明显的政治成本，它们起源于当前这种年金服务国有化方案的性质。其中涉及的一些问题的技术性非常强，也十分复杂，非专业人士没有足够的能力对这些问题做出判断。国有化意味着大部分的“专家”都会变成这个国有体系的雇员，或者变成与该体系有密切联系的大学教职人员。不可避免地，这些人最终会赞成年金服务国有化体系的扩张；不过，我必须补充一句，这种支持并不是出于狭隘的自私自利，而是因为他们在一个特定的框架内工作，在此种框架里，他们把政府的管理看作理所当然的，而且他们也只熟悉政府管理的技术。到目前为止，美国在这方面唯一的可取之处就是，还存在一些私营企业提供这方面的年金服务。从本质上说，国会几乎无法有效地控制像社会保障管理局这类机构的运作，原因在于其工作任务的较强的技术性，以及此种机构对专家的几乎一网打尽的垄断。它们因此变成了自治的机构，其建议大部分都相当于直接被国会盖章通过了。那些有能力、有雄心壮志，打算在这些机构里大有作为的人，自然非常希望扩张其机构的范围；要想阻止他们扩张，是极其困难的。如果专家说“是”，还有谁有能力说“不”？因此，我们就目睹了越来越多的人被纳入社会保障体系之中；如今朝这个方向扩张的可能性所剩无几，所以我们又见证了一个新的动向，即增添更多的计划，譬如医疗服务。

我的结论是，反对年金服务国有化的理由是非常充分的，不仅仅从自由主义原则的角度来说是这样，就算依据那些倡导福利国家的人所表述的价值来考虑，情况也是一样。如果福利国家的倡导者相信政府能够比市场更好地提供年金服务，那么，他们应该赞成由政府机构发行年金，与其他提供年金服务的企业进行公开竞争。如果他们的想法是对的，那么，此种政府机构将会欣欣向荣。

如果他们是错的，那么，有私人企业提供年金服务这样一个另外的
224 选择，将会促进大众的福祉。按照我的理解，只有那些死守教条者，或者为了中央控制本身而信奉中央控制的人，才会按照其原则，站在赞同年金服务国有化的立场上。

3. 强迫性的年金购买。清理了前述混乱的障碍之后，我们现在已经做好准备来面对关键性的问题，即强迫个人使用他们目前收入的一部分来购买年金，以便为年老的时候做准备这个问题。

有一个理由也许可以证明这种强迫性的举动之正当性，该理由完全是站在父权主义立场上的。如果人们愿意的话，他们能够做出决定，各自独立地去做法律要求他们全体都要做的事情。但是，分开来的话，他们是短视而没有长远打算的。“我们”比“他们”知道得更清楚：为年老的时候做准备，并且比他们自愿做到的程度还准备得更多一点，对他们自己是有好处的；我们无法一个一个地去说服他们；但是，我们可以说服 51%或者更多的人，从而强迫所有的人去做那些对他们自己有好处的事情。这种父权主义针对的是有能力为自己的行为负责的人们，因此甚至不能以对孩子或者疯子的关切作为借口。

从其自身内部来讲，这一立场是前后一致、符合逻辑的。面对一个持有此种观点的、彻头彻尾的父权主义者，就算我们指出他犯了逻辑上的错误，也劝阻不了他。他并不是简简单单的本意良好、只不过误入歧途的一位朋友，从根本原则上讲他是与我们互相敌对的人。总的来说，他信奉独裁统治——仁慈的、也许是多数表决形式的独裁统治，但仍然是独裁统治。

我们当中那些信奉自由的人，也必须相信个体自身拥有犯错

误的自由。如果一个人在全面了解利弊的情况下仍然更倾向于活在当下，将其所有的资源用于当前的享乐而故意选择贫穷困苦的老年生活，那我们有什么权利阻止他这样做呢？也许我们可以和他争辩，试图让他明白他是错的，但是，我们有权利使用强迫性的手段，阻止他做他选择去做的事情吗？谦逊是信奉自由者的突出的美德，而傲慢则是父权主义者的突出标志。

彻头彻尾的父权主义者并不是很多。如果心平气和、冷静地 225
审视它，将会发现这一立场是极其不讨人喜欢的。然而，父权主义的论点一直在类似社会保险这样的措施中发挥着非常重要的作用，因此，花费一些力气把情况明白地说清楚，似乎是颇为值得的。

按照自由主义的原则，有一个理由也许可以用来证明强迫人们购买年金的举动之正当性，那就是没有长远打算的人不会承受他们自己的行为之恶果，而是会把相关的成本加诸其他人身上。据说，我们将不会乐意看到穷困的老者深陷于赤贫的泥沼。我们会通过私人的和公共的慈善机构来救济他们。因此，不为自己的老年生活做准备的人，将会变成公众的负担。强迫他购买年金是正当的，这并不是为了他自己，而是为了其他人。

在建立 OASI 体系的时候，认为社会上很大一部分人将会变成公众的负担这种看法，要归因于大萧条。从 1931 年到 1940 年期间，每一年都有超过七分之一的人口处于失业状态。在这当中，年纪较大的人所占的比例要更高。这种经验是此前从未有过的，而且到目前为止也没有再出现过。这种情形之所以会发生，并不是因为这些人目光短浅，没有为老年时期做长远打算，而正如前面第 3 章所论述的，是政府施政不当导致的。如果 OASI 体系真的算得上一剂良药的话，它所针对的也是一种完全不同的病症，而且是一种我们从未体验过的病症。

1930 年代的失业确实引起了严重的问题：如何为变成公众负担的人们提供救济。但是，老年绝对不是最严重的问题。有很多
226 人正直年富力强的年纪，但是他们也被列在接受救济或帮助的名单上。而 OASI 体系的不断扩张——到目前为止，有超过 1 600 万的人通过这一体系获得补助——对于阻止接受公共救助者之数量的持续增长，完全没有任何帮助。

随着时间的推移，在照顾老年人方面的私人安排发生了非常大的变化。养育孩子曾经是人们为自己的老年时期做准备的主要手段。随着社会变得更加富裕，习俗也发生了改变。加诸孩子身上的照顾其父母的责任减少了，越来越多的人开始以积累财产或购买私人养老金权益的形式为老年时期做准备。最近一些时候，远远超出 OASI 体系的养老金计划，也不断加速发展。事实上，一些学者认为，如果目前的趋势不断持续下去，将会发展出这样一个社会：在该社会中，大部分的人在其年富力强之时省吃俭用，以便能够在年老的时候给自己提供一种高水准的生活，比其在青壮年时曾经享受过的生活水准都要高。我们中的一些人可能觉得这样的趋势不太正常，但是，如果它反映的是社会的喜好，那也只能这样了。

因此，强制购买养老金的举措带来了巨大的成本，而收效甚微。它剥夺了我们所有人对自己相当大的一部分收入的控制权，要求我们将这部分收入用于一个特定的目的，即购买退休后的养老金，并且以特定方式使用这部分收入，即必须从政府机构购买此

种养老金。它阻碍了养老金销售领域的竞争以及各种退休安排方式的发展。它催生出一个庞大的官僚机构,该机构展示出依靠其所吞噬的东西而不断增长的趋势,以及将其范围从我们生活的一个领域扩张到其他领域的趋势。而所有的这一切只不过是为了避免让少数人成为公众之负担。

第 12 章　减轻贫困

229 西方国家在过去的两个世纪中经历了非比寻常的经济增长，自由企业带来的益处也广泛扩散；在实行资本主义的西方国家，这两方面的发展已经在贫困一词的任何绝对意义上大幅度削减了贫穷的程度。但是，在一定意义上，贫困是一个相对的东西，即使在上面所说的国家中，也很明显地有很多人生活在我们其余人认为是贫困的处境之中。

一个可行的办法——从很多方面来说是最可取的办法——是求助于私人的慈善行为。一个值得注意的情况是，在自由放任政策的全盛时期，即 19 世纪中后期，在英国和美国，私人慈善组织和机构的数量出现了令人瞩目的迅速增长。政府为其福利活动的范围不断延展所付出的主要代价之一，就是私人慈善活动出现了相应程度的减少。

也许有人会争辩说，私人慈善是不充分的，因为那些没有做出捐赠的人，获得了它所带来的益处——这又是邻里效应的一个例子。我会因为看见穷苦的情形而感到悲伤；如果贫困得到减缓，我会从中获益；但是，无论是我还是其他某个人为减轻贫困而掏腰包，我都同样会受益；因此，我会获得其他人的慈善所带来的部分益处。或者换一种说法，我们所有人可能都愿意为减轻贫困做一些贡献，前提条件是其他的所有人也都这样做。没有此种保证，我们可能就不愿意捐献同样多的钱。在比较小的社区里，即使采用私人慈善的形式，来自公众的压力也足以保证上述前提条件能够得到实现。大型的、缺乏人情味的社区越来越成为我们社会中的主流，在这样的社区里，来自公众的压力就很难确保上述前提条件的实现。

假设人们像我一样接受这样的推理思路，认为它可以论证以下行为的正当性：由政府采取行动减轻贫困；由政府采取行动，设定社会中每一个人的所谓最低限度的生活标准。那么，剩下的问题就是政府要在这方面花费多少钱以及以什么方式花钱。关于花费多少钱的问题，我想不出有什么办法可以解决它，除了根据我们愿意为此目的给我们自己（我的意思是指我们当中大多数的人）加征多少税款来决定。关于以什么方式花钱的问题，则有比较大的讨论空间。 230

有两件事情似乎是比较清楚的。第一，如果目的是减轻贫困，那么我们应该设计一个旨在帮助穷人的计划。我们有充分的理由去帮助一个身为农民的穷人，不是因为他是农民，而是因为他很贫困。也就是说，这样的计划应该被设计成帮助普罗大众，而不是帮助特定职业群体、特定年龄群体、特定工资水平群体、特定劳工组织或特定产业的成员。这就是农民补贴计划、一般老年补助、最低工资法规、支持工会的法律、关税、某些行业或职业的执业许可规定等的一个缺点所在；像这样的例子简直不胜枚举。第二，在通过市场进行运作的过程当中，该计划应该在可以做到的范围内尽可能地不扭曲市场且不阻碍市场的运行。而这就是价格支持计划、最低工资法规、关税等的一个缺点所在。

如果纯粹从技术操作的角度考虑，那么，会脱颖而出的安排就是负所得税。目前，根据联邦所得税的规定，我们每个人有 600 美元的免税额度(另外还有最低10%的固定扣除额)。假定一个人获得100美元的应税收入,也就是在免税额度和扣除额之外,还有100美元的收入,那么他就要缴纳一笔税款。按照负所得税这种提议,如果此人的应税收入是负的100美元,也就是说,比免税额度加上扣除额还要少100美元,那么他要缴纳一笔负所得税,也就是获得一笔补贴。打个比方说,如果补贴率是50%,则他会获得50美元。如果此人根本没有任何收入,而且(为了分析上的简便我们暂且假定)没有任何扣除额,且补贴率是不变的,则他会获得300美元。如果他有扣除额,比方说医疗费用的扣除,导致在减去免税额之前,他的收入去掉扣除额就已经是负的,则此人会获得更多的补贴。当然,补贴率可以是阶梯式的,正如针对免税额度以外之收入的税率是阶梯式的一样。这样一来,就能够设定一个下限,
231 没有人的净收入(这里对净收入的定义包括政府补贴)会低于这个下限;在上面简单的例子中,下限是每人300美元。究竟设定什么样的下限,则取决于社会可以承受多大的负担。

这种安排的好处是十分清楚的。它是专门针对贫困问题的。它以对个体来说最有用的形式——也就是现金的形式——提供帮助。它是一种一般性的安排,可以用来替代现行的为数众多的特别措施。在此种安排下,社会负担了多少成本是一目了然的。它是在市场的范围之外运作的。和其他减轻贫困的措施一样,它减弱了那些受到帮助的人进行自助的动力,但是,它并未完全消除此种动力——而一个把个人的收入补足到某个固定的最低额度的体系,则会完全消除此种动力。在负所得税这种安排之下,额外挣得的每一块钱,都意味着更多可供花费的钱。

毫无疑问，在此种安排下，将会存在管理方面的问题，但是，即使这能算作缺点，在我看来，也是无伤大雅的缺点。这样的体系能够直接纳入我们现行的所得税体系，因此可以在管理所得税体系的同时一并管理这一体系。目前的税收体系覆盖了大部分能够取得收入的人，而负所得税的安排必须覆盖所有人，这种必要性会带来一个副产品，那就是改进目前的所得税体系的运行情况。更重要的是，如果正式施行负所得税体系，用以代替目前那些旨在实现同样目的的大杂烩一般的措施，那么，行政管理方面的整体负担肯定会减轻。

如果做几个简单的计算，我们还会发现，比起我们现有的一系列福利措施，前述负所得税的建议花费的钱要少得多；更不用说此种建议所涉及的政府干预的程度要低得多。换一种角度看，也可以认为这样的计算表明了作为帮助穷人的措施而言我们现有的措施是多么的浪费。

在 1961 年，政府（联邦、州及地方政府）总共花费了大约 330 亿美元用于直接福利支付和各种各样的福利计划：老年补助、社保
福利费支付、对需要抚养的儿童的补助、一般性补助、农产品价格 232
支持计划、公共住房等。[①] 在这个计算当中，我没有把退伍军人福

---

① 这个数字等于政府转移支付（311 亿美元）减去退伍军人福利费（48 亿美元）[这两项数字都来自商务部国民收入账目]，再加上联邦政府用于农业计划的支出（55 亿美元），加上联邦政府用于公共住房以及其他住房补助方面的支出（5 亿美元）[这两项都来自财政部的账目，是截至 1961 年 6 月 30 日的年度统计数字]，再加上一个 7 亿美元的粗略的数额，以便把数字以 10 亿为单位凑成整数，同时也是为了留出余地把联邦计划的行政管理成本、被漏掉的州政府及地方政府计划以及其他各种支出项目都包括进来。我猜测这个数字也还是大大低估了实际情况。

利费包括进去。我也没有考虑例如最低工资法规、关税、职业许可规定等措施的直接成本和间接成本，没有考虑公共卫生活动、州政府和地方政府用于医院及精神病院方面的支出等成本。

在美国，有大约 5 700 万个消费者单位（家庭以及独自过日子的人）。1961 年度 330 亿美元的花费，可以用来向其中 10%的最低收入的消费者单位提供大约每户 6 000 美元的直接现金补助。此种补助将会提高他们的收入，使其高于美国所有消费者单位的平均收入。或者换一种做法，330 亿美元的花费可以用来向美国收入最低的那 20%的消费者单位提供大约每户 3 000 美元的补助。即使更进一步延伸到收入最低的三分之一人口——新政的支持者们喜欢把他们称为吃不饱、住不好、穿不暖的三分之一人口——1961 年度 330 亿美元的花费也能为每户提供大约 2 000 美元的补助；如果把价格水平的变动考虑进来，2 000 美元这样一笔钱大致上就是能在 1930 年代中期把收入最低的三分之一人口与其他三分之二人口区别开来的一笔收入。按照价格水平的变动进行调整之后，现如今有不足八分之一的消费者单位，其收入与 1930 年代中期收入最低的三分之一人口一样低。

很显然，以上这些都是非常奢侈的计划，用“减轻贫困”的理由——即使我们从十分宽泛的角度去理解“减轻贫困”这一说
233 法——远远无法证明其正当性。一个旨在补足收入水平最低的那 20%的消费者单位之收入，使其达到其余消费者单位的最低收入水平的计划，其花费会比我们现在所花费的一半还要少。

前述负所得税的建议最主要的缺点，是其在政治方面的影响。它会创建一个体系，在此种体系之下，国家对一部分人征税，用于向其他人支付补助。而且，这些“其他人”想必都是有选举权的。总是存在这样一种危险，即此种安排不再是绝大多数人自愿对自己征税用于帮助不幸的少数人，而是转变成大多数人为了自己的利益对心不甘情不愿的少数人征税的一种安排。因为负所得税的建议让整个过程变得非常直截了当，所以，其危险可能也比其他措施要大。除了依赖于选民们的自我约束和善意，我想不出还有什么办法可以解决这个问题。

在 1914 年，戴雪曾在其著作中论及一个与此相关的问题，即英国的养老金问题，他说道：“毫无疑问，一个明智且仁慈的人可能会向自己提出这样的问题：一方面是以养老金的形式获得贫困救济金，另一方面是养老金领取者继续保有选举议员的权利，如果通过法律确认这二者并不矛盾，那么，英国作为一个整体是否会获益。”②

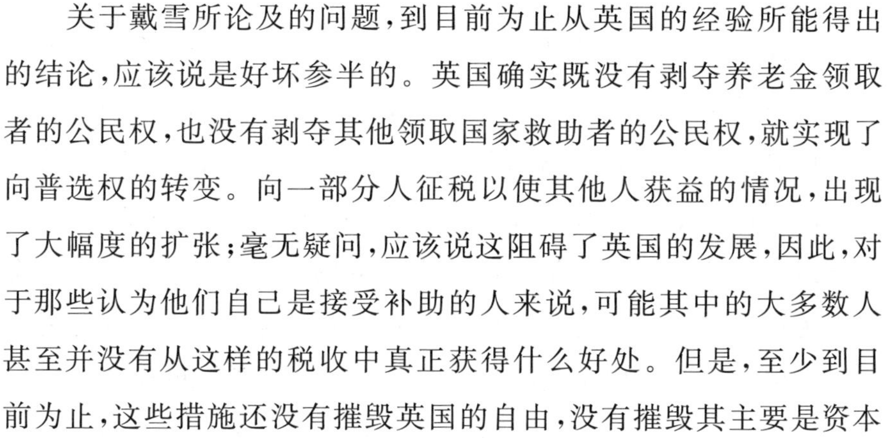

关于戴雪所论及的问题，到目前为止从英国的经验所能得出的结论，应该说是好坏参半的。英国确实既没有剥夺养老金领取者的公民权，也没有剥夺其他领取国家救助者的公民权，就实现了向普选权的转变。向一部分人征税以使其他人获益的情况，出现了大幅度的扩张；毫无疑问，应该说这阻碍了英国的发展，因此，对于那些认为他们自己是接受补助的人来说，可能其中的大多数人甚至并没有从这样的税收中真正获得什么好处。但是，至少到目前为止，这些措施还没有摧毁英国的自由，没有摧毁其主要是资本 234

② A. V. 戴雪：《英国的法律与公众意见》(*Law and Public Opinion in England*)第 2 版，伦敦：麦克米伦出版社 1914 年版，第 xxxv 页。

主义性质的体系。而且,更重要的一点是,有一些迹象表明,潮流出现了转变,在选民这一边,选民们能够比较好地约束自己。

自由主义和平等主义

自由主义哲学的核心是信奉个体的尊严,认为个人拥有根据其所设定的标准最大限度地运用自己的能力与机会之自由,唯一的限制条件就是,他不得干预其他个体自由运用其能力与机会。这意味着在某一个意义上信奉人与人之间的平等,而在另一个意义上信奉人与人之间的不平等。每个人都平等地拥有自由的权利。这之所以是一项重要的、根本性的权利,恰恰是因为人是各不相同的,因为一个人想要运用其自由去做的事情,会与其他人不同,在此过程中,他能够对社会——许多人生活在这个社会当中——的整体文化做出比别人更大的贡献。

因此,一方面是权利的平等与机会的平等,另一方面是物质上的平等或结果上的平等,自由主义者会对二者做出严格的区分。他也许会对如下事实表示欢迎:一个自由的社会实际上比人类尝试过的任何其他社会都更加趋近于物质上的平等。但是,他会把这一点看作自由社会所带来的非常可取的一个副产品,而不会将其视为证明自由社会之合理性的主要理由。他会十分欢迎既促进自由又促进平等的措施,比如消除垄断力量的措施和改进市场运作的措施。他会把旨在帮助较为不幸者的私人慈善活动视为合理运用自由的一个例子。他也许会赞成旨在减轻贫困的国家行为,将此种行为看作一种能够让社会上的大多数人实现一个共同目标的更为有效的方法。不过，他对此种国家行为的赞同是带有遗憾的，因为在此过程中不得不用强制性的行为取代自愿的行为。

平等主义者也会持有同样的想法。但是，他还会想要更进一 235
步。他会为那种取之于一部分人而用之于其他人的行为辩护，理由并不是此乃一种更为有效的手段，可以让“一些人”实现他们想要实现的目标，而是以“公平正义”作为辩护的理由。在这一点上，平等与自由发生了严重的冲突；人们必须做出选择。在这个意义上，一个人不可能既是平等主义者，又是自由主义者。

第 13 章　结论

237 在 1920 年代和 1930 年代，美国的知识分子们心悦诚服地相信，资本主义是一种有缺陷的制度，它阻碍经济繁荣，因而也阻碍自由；知识分子们相信，未来的希望在于当政者有意识地对经济事务进行更多的控制。并不是哪一个真正实行集体主义之社会的榜样力量促成了知识分子们的转变——尽管这种转变无疑因为共产主义社会在俄国的建成以及对其所倾注的热切希望而提前发生了。知识分子们的转变是由以下两方面的比较促成的：一方面是各种事务的现有状况，充满种种不公平和不足之处，另一方面是各种事务可能达到的假想状况。真实的状况被拿来与理想的状况做比较。

在 1920 年代和 1930 年代，没有太多别的可能性。确实，人类已然经历了很多中央集权控制的历史时期、国家事无巨细地干预经济事务的历史时期。但是，政治、科学和技术领域发生了革命。有些人认为，既然有了民主的政治架构、现代的工具和现代的科学，我们能做到的，无疑远远好于以前的时代能做到的。

20 年代和 30 年代的各种态度并没有离我们远去。仍然存在着这样一种倾向，即认为任何现有的政府干预都是非常可取的；把所有的罪恶都归咎于市场；在评估关于政府控制方面的新建议之时，依据的是其最完美的形式——如果由精明能干、客观公正者来指挥，且不受特殊利益集团压力之影响的话，此种建议可能会发挥作用。而有限政府和自由企业的倡导者们则仍然处于防守的状态。

然而，情况已经发生了变化。现在，我们拥有几十年的政府干预方面的经验。没有必要把市场的实际运作情况和政府干预在理想状态下的运作情况进行比较。我们可以把前者的实际情况与后者的实际情况进行比较。

如果我们这样进行比较的话，可以很明白地看出来：市场的实际运作情况与市场在理想状态下的运作情况，二者之间无疑存在巨大的差异；政府干预的实际效果与政府干预原本想要达到的效 238
果，也存在着差异；但是，与后一种差异相比较，前一种差异根本算不上什么。现在，面对在俄国大行其道的专制统治和暴政，有谁能从中看出促进人类自由和尊严的任何希望？马克思和恩格斯在《共产党宣言》中写道：“无产者失去的只是锁链。他们获得的将是整个世界。”如今，有谁会认为苏联无产者的锁链比美国、英国、法国、德国或任何西方国家无产者的锁链轻？

让我们再看看国内的情况。过去几十年里那些伟大的“改革”，有哪一个真的达成了其目标？这些改革的倡导者们的美好愿望，真的实现了吗？

为了保护消费者而设立的对铁路的规制，很快就变成了一种工具，铁路机构利用这一工具来保护他们自己，使其不必与新崛起的对手相互竞争——而其代价，当然是由消费者来承担。

所得税设立之初，税率很低，后来所得税被拿去当作收入再分配的一种手段，用以帮助低收入阶层；所得税已经变成了一种虚假的门面，掩盖着各种漏洞和特殊条款——这些漏洞和条款使得纸面上那些不同等级之间差别巨大的税率基本上毫无作用。如果按照 23.5%的固定税率对我国目前的所有应税收入征税，那么，所征得的税款，将会与按照当前的阶梯税率（从 20%到 91%不等）所征得的税款一样多。原本是一种旨在减少不平等现象、促进财富扩散的所得税，在实践中，却助长了公司收入的再投资，从而对大型企业的发展有利，但却抑制了资本市场的运作，阻碍了新企业的创建。

货币改革原本的目的是促进经济活动的平稳推进和物价的稳定，但这些改革却在“一战”期间及“一战”后加剧了通货膨胀；这些改革带来了不稳定性，其程度要远远高于此前所经历的任何不稳定性。一次严重的经济紧缩被转变成了一场巨大的灾难，即
239 1929—1933 年的大萧条——他们所建立的货币当局，对此负有首要责任。一种主要是为了防止银行恐慌而建立起来的体制，却导致了美国历史上最严重的银行业恐慌。

一个原本旨在帮助贫困农民、清除所谓农业安排中的根本性混乱的农业计划，变成了全国性的丑闻，浪费了公共资金，扭曲了资源的使用，把越来越严苛和具体的管控牢牢套在农民身上，严重干预了美国的外交政策，然而在帮助贫困农民方面，却几乎什么都没做。

一个原本旨在提高穷人居住条件、减少青少年犯罪、协助清除城市贫民窟的住房计划，却使穷人的居住条件更加恶化，助长了青少年犯罪，并使市区荒废不断蔓延。

在 1930 年代，对知识分子群体来说，“劳动力”就是“工会”的同义词；对工会之纯洁性和美德的信念，与对祖国和母亲的信念一样坚定。大量的法规被制定出来，用以帮助工会，培养“公平”的劳动关系。因而工会的实力不断增长。到了 50 年代，“工会”几乎变成了脏字；它不再是“劳动力”的同义词，人们也不再自动地、理所当然地认为它是站在天使的一边。

采取社会保障措施，原本是为了让获得救助变成人人都享有的一种权利，为了减少直接救济和救助的需求。现在，数以百万计的人获得了社会保障所带来的好处。然而，救济名单越来越长，用于直接救助的金额也不断攀升。

我们很容易就可以列出更长的名单：1930 年代的白银收购计划、公共电力工程、战后岁月中的外国援助计划、联邦通信委员会、

城市再开发计划、囤积计划——这些举措以及其他更多的举措，其 240
效果都与原本的意图十分不同，甚至往往与其原本的意图截然相反。

也存在着一些例外。遍布全国的纵横交错的高速公路、横跨大河的雄伟堤坝，以及沿着轨道运行的卫星，都体现了政府支配大规模资源的能力。学校体系存在诸多缺陷和问题，并且，如果让市场的力量更有效地发挥作用的话，该体系很有可能大为改善；尽管如此，学校体系还是扩大了美国年轻人可能获得的机会，并对自由的扩展做出了贡献。该体系见证了成千上万服务于地方教育委员会的人们所做的饱含公益精神的努力，见证了公众为他们所认定的公共目标而承受高额税负的意愿。谢尔曼反托拉斯法虽然在过于细化的管理方面存在很多问题，但是，单是存在这样的反托拉斯法，就已经促进了竞争。公共卫生领域的各种措施在减少传染性

疾病方面做出了贡献。各种救助措施减轻了人们所遭受的苦难。在大多数情况下，地方当局都为保证社区的活力提供了极为必要的便利条件。法律与秩序得到了维护——不过在很多大城市当中，就连这项基本政府职能的执行情况也远远不能令人满意。作为一名芝加哥公民，我说的是肺腑之言。

如果权衡一下得失，那么，几乎毫无悬念地，结果将十分惨淡。过去几十年里政府采取了诸多新的、有风险的行动计划，但大部分都未能实现其目标。美利坚合众国一直在不断进步；美国公民吃的、穿的、住的都比以前更好，出行也更方便；社会阶层之间的差别缩小了；少数族裔群体的弱势地位有所改善；大众文化领域的进步一日千里。所有这些都是通过自由市场进行合作的诸多个体之主动性和干劲儿的产物。政府的各项措施对上述发展进程只起到了
241 阻碍作用，并无帮助。我们之所以能够为这些措施买单，并克服这些措施造成的阻碍，唯一的原因就是市场具有卓绝非凡的创造力。看不见的手带来了进步，看得见的手招致倒退——前者的力量要比后者更为强大。

最近几十年中这么多的政府改革达不到预期效果，美好的愿望化为灰烬——这是意外吗？仅仅是因为那些方案在细节上有缺陷吗？

我觉得答案显然是否定的。这些举措最根本的缺点在于，它们都是企图通过政府来强迫人们采取违背他们切身利益的行动，从而促进所谓的普遍利益。它们试图解决所谓的利益冲突，消除与利益有关的观点上的差异，所采用的办法，不是建立一个可以消弭冲突的框架，不是劝说人们选择不同的利益，而是强迫人们采取

违背其自身利益的行动。它们用局外人的价值理念取代参与者的价值理念；要么是一部分人告诉其他人什么对他们来说才是有利的，要么是政府取之于一部分人而使另一部分人受益。因此，这些举措受到一种力量的抵制，这种力量是人类所知的最强大、最富有创造性的力量之一——那就是成千上万的个体为了谋求自身利益、按照自身价值理念去生活而做的努力。上述举措经常适得其反，这就是主要原因所在。而这也是自由社会的主要优势之一，解释了为什么政府规制无法扼杀这种力量。

我所说的利益，并不仅仅是狭隘的自我利益。恰恰相反，它包括人们所珍视的、愿意为之耗费钱财乃至牺牲生命的一系列价值理念。那些因为反对阿道夫·希特勒而丧生的德国人，追求的是他们所认定的利益。那些在慈善、教育和宗教活动中投入极大努力和时间的人们，追求的也是他们所认定的利益。当然，只有对于极少数人来说，这样的利益是其主要利益。一个自由社会的美德 242
在于，尽管情况如此，社会还是给予这些利益非常大的发展空间，而不是让它们屈从于狭隘的、主导着绝大部分人类的物质主义利益。出于这个原因，比起集体主义社会，资本主义社会其实对物质财富没有那么重视。

鉴于此种情况，为什么举证的责任似乎还是落在我们这些反对新的政府方案、试图削减已然过分庞大的政府职能的人身上？让戴雪来做出回答："国家干预，尤其是立法形式的国家干预，其有益影响是直接的、见效迅速的，也可以说是清晰可见的；而国家干预的有害影响，则是渐渐显露的、间接的，并且发生在人们看不见的地方……国家的督察员有可能是庸碌无能、漫不经心的，有时候

甚至可能是腐败的，但大多数人都不记得这一点……；只有极少数人认识到‘国家的帮助会扼杀自我救助’这个不可否认的真理。因此，人类中的大多数几乎必然会带着过度的偏爱看待政府干预。只有一样事物能抵制这种本能的偏好，那就是在一个特定社会中，存在着……先入为主的对个体自由（也就是自由放任）的偏爱。所以，仅仅是对自我救助逐渐丧失信心——毫无疑问，这种丧失信心的情况已然出现了——它本身就足以解释为何趋向于社会主义的立法会不断增加。”[①]

如今，对自由的维护以及自由的扩展，从两个方面受到威胁。第一个威胁是明显且清楚的。那就是外部的威胁，它来自那些发誓要埋葬我们的恶人。另一个威胁则远远没那么容易察觉。那就是内部的威胁，它来自那些出于良好的意图和愿望而试图改造我们的人。要想实现他们所设想的那些伟大的社会变革，用劝说和
243 榜样的办法太慢了，他们十分不耐烦，他们迫切地想要运用国家的权力达成其目标，而且他们对自己完成此举的能力信心十足。然而，如果他们获得了权力，他们将无法实现他们近切的目标；不仅如此，他们还会造出一个集体主义的国家——他们自己都会惊恐地对这样的国家望而却步，而他们自己也会名列这样一个国家的第一批牺牲者之中。集中起来的权力并不会因为其缔造者良好的意图而变得无害。

不幸的是，这两种威胁互相补充增强。即使我们能够避免一场核毁灭，来自对手的威胁也要求我们把相当大比例的资源用于

① A. V. 戴雪：《英国的法律与公众意见》，第 257—258 页。

军事防御方面。作为国民产出的大量购买者，作为许多企业及产业之产出的唯一购买者，政府的地位十分重要，这已然令太多的经济权力集中于政治当局手中，达到了危险的程度，改变了企业的运营环境，改变了判断企业成功与否的相关标准，并且通过这些方面以及其他方面的影响危及自由市场。这种危险是我们无法避免的。但是，我们的一系列举动毫无必要地加剧了此种危险；这些举动包括：继续目前普遍存在的、与国防毫不相关的那些领域内的政府干预，开展全新的、上至月球探测下至老年医疗服务的政府计划方案。

正如亚当·斯密曾经说过的："一个国家能够承受很多的劫难。"我们基本的价值结构以及自由制度组成的纵横交错的网络可以经受住很多事情。我相信，尽管军事计划方案规模庞大，尽管华盛顿已然集中了大量的经济权力，我们仍能够维护自由，让自由不断扩展。不过，只有符合如下条件，我们才能做到这一点：我们必须清醒地意识到我们所面临的威胁，我们必须说服我们的同胞，要想达成他们所追求的目标，自由制度是比国家的强制性权力更为稳妥的途径，尽管有时候也许见效稍慢一些。在知识界的氛围中，变化已然发生，它微光闪烁，清晰可见，是一个让人充满希望的征兆。

索　　引

（索引中的页码为原书页码，即本书边码）

A

B

C

F

N

O

P

Q

R

T

U

V

W

图书在版编目(CIP)数据

资本主义与自由/(美)米尔顿·弗里德曼著;远明译.—北京:商务印书馆,2024
(汉译世界学术名著丛书:120年纪念版:珍藏本:增订本)
ISBN 978-7-100-23844-1

Ⅰ.①资… Ⅱ.①米…②远… Ⅲ.①新自由主义(经济学)—研究 Ⅳ.①F091.352

中国国家版本馆CIP数据核字(2024)第080399号

汉译世界学术名著丛书
(120年纪念版·珍藏本·增订本)
资本主义与自由
(重译本)
〔美〕米尔顿·弗里德曼 著
远明 译

商 务 印 书 馆 出 版
(北京王府井大街36号 邮政编码100710)
商 务 印 书 馆 发 行
北京新华印刷有限公司印刷
ISBN 978-7-100-23844-1

2024年5月第1版　　开本 710×1000 1/16
2024年5月北京第1次印刷　　印张 17¾
定价:80.00元